평민의 복음

누구에게나 전해져야 하는 복음, 평민의 복음!
일깨우라, 잠든 영혼을, 전파하여라, 주의 구원,
회개 않으면 멸망될 것을 어찌 차마 보고만 있을소냐!
하나님께서는 이 평민의 복음을 통하여 많은 사람들을
신앙으로 인하여 구원에 이르게 하셨으니,
일본에 기독교가 전래된 이후 한 가지 책이 이 정도로
많은 사람들에게 영향을 끼치게 한 것은
다시 없었던 것으로 생각된다.
이것은 오직 하나님의 은혜와 권능으로 인함이다.

야마무로 군베이 저
장 형 일 역

Edia

THE
COMMON PEOPLE'S GOSPEL

By Brigadier GUNPEI YAMAMURO

FIRST KOREAN EDITION.

1911

SEOUL, KOREA.

SALVATION ARMY HEADQUARTER, WEST GATE,

대한말노예인판

산실군평져

평민지복음

경셩셔대문외 구셰군대한본영

서 문

나는 일개 노동자로서 16세가 되던 겨울, 도쿄의 어느 조그만 인쇄소에서 직공으로 일하고 있을 때에 처음으로 예수 그리스도의 구원의 체험에 접하고 그 때부터 몸과 마음을 바쳐 주를 섬긴지 13년이 된 오늘날, 지금은 하나님의 극진하신 사랑으로 구세군 사관이 되어 일하고 있다.

그런데 지금껏 나의 자그마한 가슴 속에 있는 단 하나의 소원은 어떻게 하면 하나님의 크신 자비와 구원의 복음을 나의 사랑하는 여러분에게 그대로 전해 드릴 수 있을까 하는 것이다. 어느 날 노래하기를,

불러 깨워라 잠든 영혼
전파하라 주의 구원
회개치 않으면 망할 세상
어찌 차마 보고 있으랴 하였다.

이제 무딘 붓이나마 들어, 이 책을 내게 된 것도 이러한 까닭에서 이다.

1899년 10월

神田三 一角에서
저자

차례

서문 • 5

제 1 장 하나님 아버지 • 9

1. 하나님을 믿는 것이 인간의 본성이다 · 9
2. 돌 다리도 두들겨 보고 건너라 · 13
3. 태초에 하나님이 천지를 창조하시다 · 18
4. 하나님은 인간의 아버지시다 · 22
5. 신령과 진리로 예배할지니라 · 26

제 2 장 인간의 죄악 • 31

1. 의인은 없나니 곧 하나도 없느니라 · 31
2. 죄악은 모든 재앙의 근본이다 · 36
3. 죄악은 성장 번식한다 · 41
4. 인간은 스스로를 구원하지 못한다 · 46
5. 회개하고 하늘 아버지께로 돌아오라 · 52

제 3 장 그리스도의 구원 • 57

1. 예수그리스도는 하나님의 아들이시다 · 57
2. 그리스도는 만 백성의 구주시다 · 62
3. 보라, 지금은 구원의 날이로다 · 67
4. 성령으로 난 것은 영이니라 · 71
5. 그리스도교는 승리의 종교이다 · 76

제 4 장 신앙의 생활 • 85
1. 하나님께 기도하라 · 86
2. 성서를 읽으라 · 95
3. 신자로서의 본색을 분명히 드러내라 · 103
4. 믿음의 선한 싸움을 싸우라 · 109
5. 성령을 받으라 · 122

제 5 장 우리의 직분 • 129
1. 너희는 세상의 소금이라 · 130
2. 먼저 그의 나라를 구하라 · 136
3. 구원은 건강을 가져 온다 · 143
4. 사랑은 가정에서 부터 시작된다 · 148
5. 죽는 것도 유익하니 · 157

부록

『평민의 복음』의 반향 165

추천의 글_서정인 한국컴패션 대표 175

누구에게나
전해져야 하는
복음,
평민의 복음!

일깨우라,
잠든 영혼을.
전파하여라,
주의 구원.
회개 않으면
멸망될 것을
어찌 차마
보고만 있을소냐

제 1 장

하나님 아버지

1. 신을 믿는 것이 인간의 본성이다

교토(京都)에 있는 히가시 혼칸지(東本願寺 | 일본 교토시에 있는 절)라는 절에서는 불이 자주 났으므로 사람들은 이를 가리켜 '불 내는 홍간사' 라는 별명을 붙여 불렀으며 어느 시인이 지었다는 시에는 "이 세상에 돈이 있는 동안, 세우면 타고 타면 세우는 홍간사라"고 하였으니 이것은 오늘날까지의 홍간사의 사실을 읊은 듯 하다. 얼마 전에 새로 지은 큰 건물만 하더라도 17년 만에야 준공하였다 하니 그 동안에 얼마나 많은 물자와 인력이 들었는지 짐작할 만하다.

그 때 각 지방에 있는 불교 신도들이 이 일을 위하여 얼마나 진력하였는지는 형언하기조차 어려운 일이다. 그 절을 짓는 동안 재목을 운반해

오기 위해 각 처에서 부녀자들이 조금도 아낌이 없이 귀중한 머리털을 잘라 머리줄을 만들어 기부한 것을 보면, 아무리 의심 많은 자라도 사람의 신앙심이란 것이 얼마나 힘이 큰가에 놀라지 아니할 수 없다. 신문에 발표된 것을 보면 지금까지 홍간사(本願寺)에 보관하여 둔 그 머리 밧줄의 총수가 쉰 세 개나 된다는데 그 가운데 제일 굵은 것은 길이가 10.6미터이고 둘레는 40센티미터, 그 무게는 105킬로그램이며, 제일 가는 것은 길이가 3.45미터에 둘레가 13.3센티미터이며 그 무게는 2~3킬로그램이 되고, 쉰 세개의 총 중량은 394.4킬로그램이라고 하니 놀랍지 않은가? 이는 다 홍간사에 귀의한 부녀자들이 열렬한 믿음으로써 바친 것임을 생각할 때에 믿는 마음 곧 신앙력처럼 무서운 힘을 가진 것은 세상에 없을 것이라는 생각이 든다.

이와 같이 인간에게는 어느 누구에게나 신을 믿는 마음이 있어서 이 마음이 뜨겁게 일어나면 무슨 일이든지 못할 것이 없다. 앞에서 말한 각 처에 있는 부녀자들이 자기 머리털을 아까워하지 않고 머리털을 잘라 바친 것은 고사하고, 어떤 사람은 손바닥에 기름을 부어 불을 켜는 자도 있고, 죄를 씻기 위하여 수 천리를 무릎으로 기어서 불공드리러 다니는 자도 있으며, 또한 옛날 어떤 사람은 20~30년 동안을 높은 기둥 위에 올라가서 고행을 하며 자기 공을 세우려고도 하고, 자기의 재산은 말할 것도 없고 믿음을 위해서는 목숨이라도 아끼지 않고 바치는 것을 예부터 신앙가의 예사로 아는 터였다. 사람의 신앙심만큼 큰 힘을 가진 것은 없다. 그러나 혹은 자기 혈기의 용맹을 믿고 잠시는 자기 뜻을 따라 마음대로 지내며 혹은 자기 신체의 건강과 약간 있는 재물이나 힘에 의지하여 하나님을 잊어버리고 신앙심의 귀중함을 생각지 아니하고 방향이 없이 세상을 지내며 자기의 지은 죄라든지 후세의 형벌은 조금도 돌아보지 아니하는 사람도 많이 있는 것이다.

그러나 병이 나든지 재난을 당하는 경우에는 거의 다 본심으로 돌아와 신을 믿기 시작한다. 가령 전에는 예배당 유리창에 돌 깨나 던졌던 자도 그 본성을 회복한 다음에는 주일마다 설교 말씀을 들으러 오며, 평시에는 신이 어디 있느냐 하면서 조소하던 자라도 갑자기 신을 공경하게 되는 수가 많은 것이다. 아무래도 이해하지 못할 것은 사람의 천성이다. 이런 데에 대한 재미있는 이야기가 있다.

서양에 바루네 라고 하는 학자가 있었다. 그는 유명한 무신론자로서 세상에 신이라는 것은 절대 존재 않는다고 항상 주장하던 자였다. 그런데 어느 날 배를 타고 먼 나라로 갈 때에 넓은 바다 한 복판에서 큰 풍파를 만나 배가 거의 파선할 지경에 이르렀다. 사방을 바라보니 만경창파요. 끝이 없는지라, 이제는 별 수 없이 죽었구나 하고 한숨을 쉬며 자기도 모르게 큰 소리로 외치기를 "하나님, 나를 살려 주십시오" 하고 빌었다. 다행히도 바람이 잔잔해지고 물결이 고요해져서 그 배가 목적한 항구에 도착하였다. 그 후에 사람들 입을 타고 "바루네 씨의 무신론은 육지에서는 훌륭하나 바다에 가면 소용없다"는 소문이 세상에 널리 퍼졌다한다. 이와 같이 육지에 있을 때와 일기 좋은 날과 돈이 잘 생기는 때와 몸에 병도 없고 아무 재난이 없을 때에는 믿음을 반대하고 조롱하며 제가 잘 난체 하다가도 조금만 여의치 못한 지경에 이르면 대개는 곧 두 손을 합장하고 "나무아미타불, 나무아미타불"을 부른다.

속담에 "임사호천"(臨死呼天 | 사람이 죽음 직전에 이르면 하나님을 부르짖어 찾음)이라 말하고 또 "무신론자도 깊은 밤에는 반 만큼 유신론자가 된다" 함이 이를 두고 하는 말일 것이다. "그러나 천하태평을 노래하며 축배를 들 때가 흔히 대란의 시초요, 사업이 번창하여 아무 부족함이 없다고 마음을 좀 놓을 때가 곧 화근이 박두한 때요, 병도 없고 아무 재난도 없을 동안은 하나님을 생각지도 않다가 중병에 걸리든지 궁색하여지든지 불행한 일을 당하고서야 비로소 믿기를 시작하는 것은, 첫째는 지존하신 하나님께 대해서도 큰 실례가 되며, 둘째로는 자기 육적인 면에 있어서도 지극히 부끄러운 일이다. 그러므로 우리들이 비 오기 전에 새지 않게 지붕을 고치고 춥기 전에 솜옷을 예비하는 것처럼 변과 재난이 닥치기 전에, 하나님을 믿을 수 있는 동안에, 이 인간 일생에 가장 귀중한 문제에 관하여 확실한 각오가 있어야만 할 것이다. 그러나 믿고 의지할만한 신을 찾아 전심전력으로 신뢰하는 것이 제일 중요하다.

> "하나님이여 사슴이 시냇물을 찾기에 갈급함 같이 내 영혼이 주를 찾기에 갈급하니이다. 내 영혼이 하나님 곧 살아 계시는 하나님을 갈망하나니 내가 어느 때에 나아가서 하나님의 얼굴을 뵈올까"(시편 42:1,2).

"너희는 여호와를 만날 만한 때에 찾으라 가까이 계실 때에 그를 부르라. 악인은 그의 길을, 불의한 자는 그의 생각을 버리고 여호와께로 돌아오라 그리하면 그가 긍휼히 여기시리라 우리 하나님께로 돌아오라 그가 너그럽게 용서하시리라"(이사야 55 : 6,7).

2. 돌다리도 두들겨 보고 건너라

신을 믿는 것은 사람의 본성이다. 그러나 요즘 세상의 신앙인들은 입으로는 믿는다 믿는다 하나, 실로 어떤 신을 공경함이 옳은지 깊이 알아보지도 아니하고 아무 것이나 닥치는 대로, 나무로 만든 부처나 쇠로 만든 우상이나 돌로 만든 미륵이나 심지어는 여우나 이리 같은 것 까지 섬기는 자가 많다. 가령 가정에서 부인들이 한 모에 4, 5전 하는 두부를 사러 보낼 때라도 이 아이가 이 일을 잘 할 수 있을까, 혹 돈이나 잃어버리지 않을까, 또는 두부를 사 가지고 오다가 부스러뜨리지나 않을까 하고 여러 가지로 생각한 후에야 심부름을 시킨다. 하물며 신을 섬기는 일이라면 내 몸과 영혼과 내 가사와 자손의 장래와 내세의 일까지 온전히 의탁하는 일인데 이러한 중대한 일을 의탁해야 할 신은 어떤 신이어야 하며, 어떤 인연이 있으며, 우리의 소원을 들어 줄만한 능력이 있는지 없는지 생각하여 보지도 아니하고 함부로 경배할 수는 없을 것이다.

이전에 어떤 서양 사람이 가마를 타고 하코네(箱根)산을 넘을 때 가마꾼에게 무슨 말을 하였으나 가마꾼이 그 말을 알아듣지를 못해서 묵묵히 길을 가는데, 그가 가는 줄을 친 종이에다 무슨 글을 써서 주므로 가마꾼이 공손히 받아서 주머니에 넣어 가지고 집에 돌아와서 생각하기를 이것은 필경 귀중한 주문(呪文)일게다 생각하고, 정중히 사당 선반에 얹어 두었는데 얼마 후에 영어를 아는 학자가 그 곳에 왔으므로 가마꾼이 그 종이를 갖다가 보여 주니 참 허망하게도 "후지산 경치가 아름답다"라고 씌어 있었다고 한다.

생각건대 지금 세상 사람들 신당이나 불당에 모셔 놓은 신이나 부처의 정체도 거의 다 이런 류가 아니겠는가? 가령 술 맛에 취한 신관(神官)이나, 숨겨 둔 아내에게 반한 중들이 공 들이는 돈을 모으기 위하여 한 권에 5전이나 8전 하는 종이에다가 글씨 연습을 하듯이 써 갈긴 그러한 글자 종이 쪽지가 어떻게 가내번창(家內繁昌), 장구연명(長久延命)의 수호신이 될 수 있을 것인가. 히라다 아스다네(平田篤胤)의 노래에 "신이라 하면 다 같은 줄 생각하나 벌레도 있으며 새도 있도다" 하였으니 슬프다, 만물 가운데 가장 귀한 인간이 어찌하여 그러한 곤충이나 새를 신으로 받들어 섬길 수 있단 말인가? 다이코 오쇼(大綱和尙) 스님이 말하기를 "무릇 세상을 내어버리는 무리들을 삼갈지니 비록 옷은 입었으나 여우들이로다" 하였으며, 어느 교회에서는 꽃병에 좋은 꽃을 꽂아 강대상에 놓았는데 그 꽃이 스스로 움직여 흔들림으로써 경배하러 온 무리가 모두 기이히 여기며 신이 감동 했는가 해서 감격해 하고 있던 중, 하루는 우연히 그 꽃병이 넘어지며 그 속에서 미꾸라지가 쏟아져 나왔다는 이야기가 있다.

이요(伊予)의 이마하루(今治)라 하는 곳에 내가 아는 사람 하나가 조각업을 하고 있는데, 하루는 이시츠지산(石本追山)의 신관이 와서 신상(神像) 세 개를 새겨 달라 부탁을 해 자기도 그 신을 믿는 터이므로, 공손히 허락하고 그 후부터는 매일 바다에 나가 목욕재계하고 정성껏 새기고 있었는데, 약 20일 쯤 되어서 그 신관이 어슬렁어슬렁 찾아 와서 "여보 그 동안 한 마리쯤 만들었오?" 하고 물었다. 조각사는 그 뜻을 이해 못하여 "무엇이오, 무엇 한 마리란 말씀이오?" 하니, 그 신관이 허허 웃으며 하는 말이 "앗다 요전에 부탁하고 간 일이 있지 않소" 하였다. 고지식한 조각사는 그제서야 비로소 신관의 믿음 없음을 보고, 신관 된 자가 이와 같이 업신여기는 신을 내가 아무리 정성을 들여 믿은들 무슨 효험이 있으랴 하고, 우상에게 미혹됐던 꿈에서 깨어나 우상이라는 것은 아무 유익이 없다는 것을 깨닫고 그 맡았던 일 까지 곧 거절하였다고 한다.

이때에 마침 천지 만물을 지으신 참 신 하나님의 말씀을 듣게 되어, 알고 보니 과연 참 이치이므로 하나님을 정성껏 섬겨야 되겠다 생각하고 그 후 부터 독실한 신자가 되었다.

속담에 "돌다리도 두들겨 보고 건너라"는 말이 있다. 신을 믿는다는 것은 인간 일생에 제일 귀중한 일이므로 깊이 생각하여 우리가 마땅히 어떤 신을 섬겨야 되겠는가 검토한 연후에, 믿기로 작정한 신을 일심으로 섬겨야 될 것이다. 그런데 어떤 이는 아무 까닭도 없이 말하기를 "이는 우리 조상적 부터 믿어 오는 종교"라 하고, 또는 "근래에 남들이 흔히 믿는

다" 하여 그 신이나 부처의 정체나 원인을 모두 살펴보지도 아니하고 또 그것을 믿음으로 무슨 유익이 있는가, 없는가 상고해 보지도 않고 그저 믿는다는 것은 큰 잘못인 것이다.

얼마 전에 구세군의 병사(兵士)가 된 한 직공이 이야기하기를 "나는 오가와 마치(小川町)에서 출생한 간다묘진(神田明神 | 일본의 신[神])의 자손으로서 어렸을 때 제사 드리는 구경은 더러 하였으나 믿을 마음은 도무지 나지 않았다. 그 까닭은 다름 아니라 간다묘진(神田明神)의 내력을 말하면 역적 다이라노 마사카토(俵藤太秀鄕)의 무리가 반역하다가 다와라도타 히데사토(俵藤太水鄕)란 자에게 토벌을 당하여 죽임을 당한 시신을 모아 제사 드리는 곳이라 한다. 이러한 역적의 무리의 목 없는 귀신을 아무리 받든들 무슨 복을 받겠는가? 이 신당 뿐 아니라 아사쿠사(淺草)에 가 보면 스미다(隅田)강에 빠져 죽은 물 귀신들을 모셔 놓은 곳도 있고 또 에코인(回向院 | 도오교에 있는 절)의 경내에는 네즈미 코소(鼠小僧 | 에도시대 말기의 의적)의 무덤이라는 것이 있다. 두 곳 다 참배하러 다니는 자들이 있었지만 그러나 조금 이치를 생각해 보면 이와 같은 곳에 찾아 다닐 까닭이 없으므로 믿는 일이 긴요한 줄은 알면서도 아무 것도 믿지 아니하고 지금까지 지내 왔다는데 다행히도 이번에 이 천지를 창조하신 참 신 하나님을 비로소 찾았으니 마음으로 만족스러워 믿게 되었다"고 하였다. 이 사람이 이야기한 말은 여러분이 깊이 생각해 볼만한 긴요한 일이다.

"그는 자기를 위하여 백향목을 베며 디르사나무와 상수리나무를 취하며 숲의 나무들 가운데에서 자기를 위하여 한 나무를 정하며 나무를 심고 비를 맞고 자라게도 하느니라. 이 나무는 사람이 땔감을 삼는 것이거늘 그가 그것을 가지고 자기 몸을 덥게도 하고 불을 피워 떡을 굽기도 하고 신상을 만들어 경배하며 우상을 만들고 그 앞에 엎드리기도 하는구나. 그 중의 절반은 불에 사르고 그 절반으로는 고기를 구워 먹고 배불리며 또 몸을 덥게 하여 이르기를 아하 따뜻하다 내가 불을 보았구나 하면서 그 나머지로 신상 곧 자기의 우상을 만들고 그 앞에 엎드려 경배하며 그것에게 기도하여 이르기를 너는 나의 신이니 나를 구원하라 하는도다. 그들이 알지도 못하고 깨닫지도 못함은 그들의 눈이 가려서 보지 못하며 그들의 마음이 어두워져서 깨닫지 못함이니라. 마음에 생각도 없고 지식도 없고 총명도 없으므로 내가 그것의 절반을 불 사르고 또한 그 숯불 위에서 떡도 굽고 고기도 구워 먹었거늘 내가 어찌 그 나머지로 가증한 물건을 만들겠으며 내가 어찌 그 나무 토막 앞에 굴복하리요 말하지 아니하니 그는 재를 먹고 허탄한 마음에 미혹되어 자기의 영혼을 구원하지 못하며 나의 오른손에 거짓 것이 있지 아니하냐 하지도 못하느니라" (이사야 44:14~20).

3. 태초에 하나님이 천지를 창조하시다

우리가 믿을 때 그만큼 효험이 있는 신은 어떤 신이겠는가? 그는 천지 만물 곧 산과 내와 풀과 나무와 사람과 새와 짐승과 그 밖의 모든 것을 지으신 이신데, 눈에 보이지 않으며 유일무이하신 참 신 하나님이시다. 이제 생각하여 보자. 당신의 아버지로부터 조부, 증조부, 고조부, 이와 같이 거슬러서 옛적 조상의 근본을 따져 보면 맨 처음 시조는 어디에서 났겠는가. 아무래도 나무 틈에서 나지는 아니 하였을 것이다. 옳다. 사람의 시조를 지으시고 또한 대대로 내려오며 그들에게서 아들이 나며 손자가 나고 이들의 먹을 젖이 있으며 양육할 음식이 있도록 마련하신 이는 참 신 하나님이시다.

닭은 알에서 나고, 알은 닭에서 났다. 그러나 맨 처음에 닭이 알을 낳도록 지으신 이는 이 참 신 하나님이시다. 우리의 영혼도 눈으로 볼 수 없거든 하물며 참 신이야 어찌 육신의 눈으로 볼 수 있겠는가. 사람에게 영혼이 산다는 것은 그 영혼이 육신을 움직이는 형편을 보고 있는 것 같이, 참 신이 있다는 것은 그 지으신 천지 만물을 보면 대강 짐작할 수 있다.

얼마 전에 미국 원주민인 아메리카 인디언의 집에 도둑이 들어 들보에 걸어 두었던 소고기를 훔쳐 갔다. 조금 후에 집주인이 와서 도둑맞은 것을 보고 가만히 그 주변 형편을 살피더니 서슴지 아니하고 말하기를 "이는 반드시 키가 작고 나이 많은 백인이며 꼬리가 짧고 작은 개를 데리고 총을 메고 온 남자의 소행이 분명하다" 하고 즉시 뒤를 쫓아가서 그와 같은 백인을 만나 곧 그 잃었던 고기를 되찾아 왔다. 그것을 본 이웃 사람들이 그 말을 듣고 서로 모여서 묻는 말이 "당신은 어떻게 보지도 못하고 도둑놈의 인상을 그와 같이 상세히 알았는가?"하니 그가 대답하기를 "그는 어렵지 않은 일이다. 들보에 걸려 있던 고기를 내리려고 발판을 가져다 놓고 올라가서 훔쳐 간 것으로 보아 도둑은 키 작은 남자임이 판명되고, 또 길바닥 모래 위에 있는 발자국이 작은 것을 보아 나이 많은 줄을 알고, 발자국의 발부리를 바깥쪽으로 내디딘 것을 보아 백인임을 알고, 총개머리에 긁힌 흔적이 바람벽에 있음을 보고 총 멘 도둑임을 알고, 먼지 위에 찍힌 흔적을 보아 꼬리가 짧고 작은 개를 데리고 온 줄로 짐작한 것이다" 했다고 한다.

마치 이 원주민이 눈으로 보지도 못한 도둑을 그 흔적을 살펴보고 그 도둑의 인상과 풍모와 가진 물건과 데리고 온 개까지도 알아맞힌 것과 같이, 우리들은 이 육신의 눈으로 하나님을 보지 못할지라도 그 지으신 우주의 광대, 무변함을 보며 하나님의 광대무변하신 뜻을 알 수가 있고, 일월성신의 위치의 정돈된 것으로부터 사람의 몸을 이룬 전체의 구조에 이르기까지 추호도 어긋남이 없이 된 것을 보면 하나님의 깊은 지혜를 알고, 악인이나 선인이나 한결같이 우로지택(雨露之澤 : 이슬과 비의 덕택이라는 뜻으로 넓고 큰 은혜)을 내리는 것을 보면 하나님의 사랑이 크신 줄을 알겠으며, 사람의 양심에 착하고 악한 것과 옳고 그른 것을 판단하는 힘을 주신 것을 보면 하나님은 공평하심을 알 수가 있다.

미국의 초대 대통령 워싱톤의 아버지는 매우 열심으로 믿는 그리스도 신자였는데, 자기 아들에게 하나님이 계신 것을 가르쳐 주려고 생각하던 중에 하루는 자기 후원의 밭을 잘 갈고 고른 후에 자기 아들의 이름 「조지 워싱톤」(GEORGE WASHINGTON)의 글자 모양대로 파고 그 곳에 꽃씨를 뿌려 두었더니 며칠 후에 꽃씨가 나서 뿌려 놓은 그대로 새파랗게 'GEORGE WASHINGTON' 이라는 큰 글자가 되어 밭가운데 나타났다. 그런데 그 후에 하루는 워싱톤이 후원에서 놀다가 문득 자기 이름 글자와 똑 같이 꽃나무가 돋아 난 것을 보고 깜짝 놀라서 집으로 들어와 "아버지, 아버지, 누가 저렇게 하였을까요? 후원 한 가운데 제 이름 글자와 꼭 같이 풀이 돋았습니다. 풀이 저절로 저와 같이 돋아날 이치는 없으니 반드시 누가 일부러 심은 것이 분명한데 아버지가 심으셨습니까?" 하고 물으니, 부친은 듣고 웃으면서 말하기를 "너는 풀이 잠시 네 이름과 같이 난 것을 가지고도 이것은 우연히 된 일이 아니라, 반드시 누가 이 모양으로 씨를 뿌린 것이 분명하다고 판단할 수 있거늘, 하물며 하늘과 땅과 그 사이에 있는 만물과 심지어 사람을 보면 아무래도 참 신 하나님이 계셔서 무한한 지혜와 권능으로 지으셨음을 깨닫지 못하겠느냐?"고 하였다. 이어 자기가 밭에다 꽃씨를 뿌린 이야기와 참 신 하나님이 분명히 계시다는 이치를 자세히 이야기해 들려주니 워싱톤은 그제서야 크게 깨닫고 이 때부터 열심으로 하나님을 믿는 신자가 되어 평생 동안 하나님의 뜻을 따라 살며 그를 위하여 힘을 다하였다고 한다.

서양에 어떤 학자의 말이 "저렇듯이 아름다운 일월성신을 공부하는 천문학자이면서 만일 그것들을 지으신 참 신 하나님을 믿지 않는 자가 있다고 한다면 그 사람은 정녕 미친 사람일 것이다" 하였고, 성경에 볼 것 같으면 "창세로 부터 그의 보이지 아니하는 것들, 곧 그의 영원하신 능력과 신성이 그 만드신 만물에 분명히 보여 알게 되나니 그러므로 저희가 핑계하지 못할지니라"고 하였다.

니이지마 죠(新島襄)라는 사람은 18~19세 때에 처음으로 한문으로 쓰여진 기독교 서적을 읽고 그 첫 머리에 "태초에 하나님이 천지를 창조하시다"라는 한 구절을 보고 생각하기를 "옳지, 이 세계의 모든 물건은 이것을 지어 내신 이가 있을 것이다. 가령 책상은 목수가 만들었다. 그러나 그 책상을 만든 목수와 그 목수가 쓰는 나무도 근본을 따지면 결코 사람의 힘으로 된 것은 아닐 것이다. 그리고 보면 이 책에 말한 바와 같이 세상에는 참 신 하나님이 계셔서 이 천지를 지으시고 다스리심이 분명 하구나" 하고 홀연히 신심갈앙(信心湯仰)의 마음이 불 일듯 하여 그 자리에서 무릎을 꿇고 부르짖어 말하기를 "하나님이시여, 당신은 눈이 있어서 나를 굽어보시는 줄 아오며, 또한 귀가 있어서 지금 나의 음성을 들으시는 줄 믿습니다. 원하옵건대, 나의 소원을 들으시옵소서" 하고 기도했다 한다. 이 사람은 후에 미국에 건너가 공부를 한 후에 본국으로 돌아와 하나님의 복음을 널리 전파하였다고 한다. 우리는 천지만물을 지으신 하나님을 반드시 믿어야 하겠다. 이 하나님이 우리가 믿을 만한 유일무이하신 하나님이며 이 외에는 만물 가운데서 가장 존귀한 우리 인생이 공경할 만한 신을 찾을 수 없다.

> "우주와 그 가운데 있는 만물을 지으신 하나님께서는 천지의 주재시니 손으로 지은 전에 계시지 아니하시고 또 무엇이 부족한 것처럼 사람의 손으로 섬김을 받으시는 것이 아니니 이는 만민에게 생명과 호흡과 만물을 친히 주시는 이심이라
> 인류의 모든 족속을 한 혈통으로 만드사 온 땅에 살게 하시고 그들의 연대를 정하시며 거주의 경계를 한정하셨으니 이는 사람으로 혹 하나님을 더듬어 찾아 발견하게 하려 하심이로되 그는 우리 각 사람에게서 멀리 계시지 아니하도다
> 우리가 그를 힘입어 살며 기동(起動 | 몸의 움직임)하며 존재하느니라 너희 시인 중 어떤 사람들의 말과 같이 우리가 그의 소생이라 하니" (사도행전 17:24~28).

4. 하나님은 인간의 아버지시다

한 집에는 한 주인이 있으며, 한 동네에는 한 동장이 있으며, 한 나라에는 한 임금이 있고, 천상천하에는 천지만물을 통치하시는 유일무이하신 하나님이 계신다. 이 하나님은 지혜로우시고 능력이 많으시며 공의로우실 뿐 아니라, 자비가 많으시어 우리 인생을 자식 삼아 사랑한다. 그러나 불행히도 우리는 오랜 동안 이와 같이 고마우신 하나님의 은혜를 생각하

지 않고 홀로 살아 왔으므로 이제 갑자기 이러한 이야기를 들을지라도 무언가 막혀 있는 듯한 느낌이 든다.

내 친구 중에 처자를 시골 고향에 두고 5, 6년 동안 도쿄에 와 있다가 그 후 처자를 도오교로 데려 온 사람이 있었다. 그 때에 8세 된 아들이 있었는데, 그 아이가 매일같이 거울을 들고 자기 얼굴을 자세히 들여다 보므로, 한 친구가 이상하게 여겨 아직 맵시를 볼 때도 안 되었는데 어째서 날마다 그렇게 거울을 들여다보느냐고 물었더니 그 아이가 대답하기를 "아버지가 참으로 우리 아버지도 같고 아닌 것도 같아 의심이 납니다. 만일 참으로 내 아버지일 것 같으면 정녕코 어딘가 닮은 데가 있을 줄 알고 나의 얼굴과 비교하여 보는 중입니다" 하였다고 한다.

세상 사람이 하늘에 계신 아버지 하나님을 믿고 지내 온 것이 마치 이와 같이 선조 때부터 너무 오랜 동안 이 하나님을 돌아보지 아니하고 사신(재앙을 가져오는 사악한 귀신) 우상 가운데서 자랐으므로 마침내 자기 아버지조차 알아보지 못하게 되었다. 그러나 고요한 가운데 내 마음 속을 살피면 하나님의 지혜가 가득함과 같이, 우리도 지혜를 가지고 있고 하나님의 옳으심과 같이 우리도 시비와 선악을 분별할 수도 있고, 하나님의 사랑이 넘침같이 우리도 사랑하는 마음을 가졌다. 설령 각 사람이 범한 죄 때문에 그 마음이 어두워졌다 할지라도 우리의 심중에는 하나님의 형상이 어렴풋이나마 남아 있다. 인간은 진실로 하나님의 형상을 닮게 만들어진 자식이다.

그 뿐만 아니라 우리가 오늘날까지 하나님께서 받은 은혜는 하해(河海)와 태산(泰山) 같아서, 어린 아이가 범사에 부족함이 없이 부모에게 양육을 받는 것과 다름이 없다. 오늘날 학문이 많이 발달하였지만 어떤 학·박사라도 아무 것도 없는 가운데서 한 잔의 물도 만들어 낼 수는 없다. 그런데 우리는 아침에 일어나 세수할 때부터 저녁에 목욕탕에 들어가 쉴 때 까지, 손을 씻는데도, 마시는데도, 세탁하는데도, 심지어 걸레를 빠는 물 까지라도 조금도 아까운 생각 없이 쓸 수 있다는 것은 모두 하나님의 은혜이다. 또한 우리가 매일 먹는 곡식만 하더라도 그 곡식 종자를 심으면 하나님께서 싹이 나서 자라서 열매를 맺도록 하여 주시지 아니하시거나, 또는 일기를 고르게 하고 우로를 알맞게 내리시어 곡식을 자라게 하여 주시지 아니하시면 농부가 아무리 수고하고 땀을 흘릴지라도 헛수고에 지나지 않으며, 인생들은 주려 죽을 수밖에 없을 것이다. 그런데 물가가 비싸니 놀라면서도 하여간 피차에 부족함이 없이 오늘날 까지 생존할 수 있다는 것은 온전히 하나님의 은혜이다.

쌀 한 톨, 물 한 잔이라도 그러하거든 하물며 그 외에는 말할 것도 없을 것이다. 그런데 속담의 『이웃집 떡국』이란 말과 같이 나의 친 부모가 15세와 20세 되기까지 길러 주신 사랑은 생각지 아니하고, 도리어 이 이웃집에서 얻어먹는 떡국 한 그릇을 한 없이 고맙게 여기는 어리석은 자가 세상에는 많으며, 캄캄한 밤중에 신발 끈이 끊어져 곤란해 할 때에 성냥을 하나 그어 불을 비추어 주면 고마워서 백배나 치하 할 줄 아는 사람이면서도, 매일 아침부터 저녁까지 하늘에 큰 등불을 켜서 따뜻하고 밝게 비추어 주시는 하나님의 보호를 무심히 여겨 생각지 않는 자가 많으니 누구나 깊이 주의할 일이다.

어느 날 한 전도사가 말을 타고 시골 길을 걷고 있을 때에 한 간 초막집 속에서 조용한 목소리로 감사의 기도를 드리는 소리가 은은히 들려오기를 "하나님이시여, 감사합니다. 아버지께서 여러 가지 은혜를 주신 나머지 이제 또 이와 같이 훌륭한 것을 주시니 감사 합니다" 하는 기도 소리가 너무나 기쁨에 넘친 음성으로 들려 전도사가 담장을 넘어다보니, 한 노인이 냉수 한 그릇을 상 위에 올려놓고, 그와 같이 기도하고 있었다. 이처럼 냉수 한 그릇에도 말로 다할 수 없는 하나님의 은혜가 나타나는 것이다.

예를 들면 공기라는 것이 이 지구를 둘러싸고 있는 것처럼 우리 인생은 하나님의 사랑 안에 싸여서 이 세계에 생존해 있는 것이요, "아비가 자식을 사랑하는 것같이 내가 너희를 사랑 한다"는 것이 성경에 나타난 참 되신 하나님의 말씀인 것이다.

> "여호와는 나의 목자시니 내게 부족함이 없으리로다 그가 나를 푸른 풀밭에 누이시며 쉴 만한 물 가로 인도하시는도다 내 영혼을 소생시키시고 자기 이름을 위하여 의의 길로 인도하시는도다 내가 사망의 음침한 골짜기로 다닐지라도 해를 두려워하지 않을 것은 주께서 나와 함께 하심이라 주의 지팡이와 막대기가 나를

안위하시나이다 주께서 내 원수의 목전에서 내게 상을 차려 주시고 기름을 내 머리에 부으셨으니 내 잔이 넘치나이다 내 평생에 선하심과 인자하심이 반드시 나를 따르리니 내가 여호와의 집에 영원히 살리로다" (시편 23편).

5. 신령과 진리로 예배할지니라

이미 우리가 믿을 신이 천지와 만물을 지으신 하나님 아버지 외에는 없는 줄 안 이상 이 아버지를 예배함에 있어 어떠한 모양으로 공경하는 것이 합당할 것인가를 생각해 보면, 참 신 하나님을 공경하지 아니하고 그 대신 거짓 신 사신 우상을 섬긴다고 하면 이처럼 가련하고 허망한 것은 없다.

아사쿠사(淺草)에 있는 어느 절에 가서 보니 붉은 담요를 두른 시골 영감이 두 손을 합장하며 하는 말이 "나무관세음보살님, 저는 자식을 출세시키려고 이 곳에 보내어 남의 집에서 일을 보게 하였는데, 일전에 중병이 들었으므로 돈을 보내라는 급보가 왔으므로, 어려운 중에서도 주선해 보내 주고 아비 된 마음에 행여 귀한 자식의 몸에 큰 변이나 없을까 하여 잠시도 잊을 수가 없어서, 바쁜 일손을 멈추고 머나 먼 이 곳까지 와서 형편을 알아보니 뜻 밖에도 병 들었다는 말은 생판 거짓말이요, 못 된 동료의 꾐으로 외도에 빠져서 돈을 낭비하다가 돈이 몰리니까 아프다고 저를 속인 것입니다. 나무 나무 대자 대비하신 관세음보살님께서 아무쪼록 하루라도 속히 제 자식을 개과천선케 하여 주시옵소서"하고 눈물을 흘리면서 절을 하고 있었다.

그 곁에는 또 다른 한 사람이 있었는데 그는 술 살이 잔뜩 오른 뚱뚱한 요정 주인으로, 크게 소리를 높여 "나무관세음대보살님, 아무쪼록 요정이 번창하여 이 영업이 잘 되고 좋은 손님이 많이 걸려들도록 하옵소서. 만일 이 달 안으로 일만 오천 엥을 벌게 하여 주시면 이 문전에 달아 놓은 큰 등을 고쳐 달아 드리리다. 나무 나무"라고 마치 보리밥으로 잉어를 낚는 식으로 소원 성취를 빌고 있었다. 우스운 일이었다. 이 보살은 어느 사람의 소원을 이루게 하겠는가? 난봉 난 자식이 많이 생기게 해 달라는 요정주인의 간원을 들어 주겠는가, 난봉 난 자식을 개전시켜 달라는 어버이의 소원을 들어 주겠는가? 또 아카사와(赤坂) 도요카와 이나리(豊川稲荷)라는 신당은 어떠한 자든지 먼저 구하는 자에게 도와주는 신인데 가령 도둑놈이나 도둑맞은 사람이나 둘 중에 도둑놈이 먼저 가서 공을 들이면 속히 잡히지 아니하고, 만일 도둑맞은 사람이 먼저 가서 빌면 즉시 도둑을 잡을 수 있게 된다고 하니 이렇게 이치에 어긋나는 사신을 위할 것인가.

어느날 한 순경이 에코인(回向院) 경내를 순찰하던 중 의복이 남루한 사람 하나가 네스미 코소(强小僧—에도시대의 유명한 도둑)의 무덤 앞에 엎드려 지성으로 빌고 있어 순경이 이상히 여겨 그 곁으로 가 "여보시오, 당신은 대관절 무엇을 그렇게 축원하오?"하고 여러 가지로 알아보니 그가 하는 말이 근래에 사업이 여의치 못하여 낙심이 되어 차라리 도둑질이나 해 보리라 생각을 하고 아무쪼록 이 일이 잘 성공되도록 지성껏 치하 드리는 것이라고 했다 한다.

이와 같이 남의 것을 도둑질해 먹기를 비는 자도 있고, 노름을 잘해서 남의 것을 많이 따 먹게 해 달라고 비는 자도 있고, 음욕을 위하여 축원하는 자도 있고, 손발을 꼼짝하지 아니하고라도 부귀와 영화의 복덩이가 하늘에서 굴러 떨어지기를 바라고 구하는 자도 있으며, 창기나 투기업자나 고리대금업자나 부랑자나 사기꾼 같은 이런 무리들일지라도 신당이나 절간에 가서 촛불깨나 켜고 복채로 돈 푼이나 던지고 치성을 드리면 무슨 효험이 있는 줄로 아니 허황망측한 일이다. 이와 같은 사신과 우상을 섬기는 자는 형상 있는 사신우상을 믿는 것이므로 그 공경하는 법도 허위와 외식뿐이다. 그렇지만 신령하시고 참 되신 하나님을 믿는 우리는 신령과 진리로 예배할지니 하나님은 무소부재(無所不在 | 존재하지 않는 바가 없음)하시고 무소부지((無所不至 | 이르지 않는 데가 없음) 하시며, 공변(한쪽으로 치우치지 않고 공평)되시고 거룩하신 신이시다. 그러므로 참 마음으로 이러한 하나님을 믿는다면, 거짓말을 하거나 남의 것을 도둑질하거나 음란한 일을 결코 하지 못할 것이며, 끝까지 하나님을 경외하고 그의 뜻에 합당한 생활을 하여야 비로소 참된 신앙이라 할 것이다.

한 정직하지 못한 사람이 자기 아들을 데리고 남의 밭에 가서 아들더러 하는 말이 “너는 이 밭가에 서서 누가 오는지 지켜보고 있다가 누가 오거든 곧 알려 달라” 하고 자기는 밭에 들어가서 채소를 훔쳐 냈다. 그런데 이 아이는 주일학교에 다니며 하나님의 말씀을 배웠으므로 이것을 볼 때에 매우 슬프고 무서움을 견딜 수 없어서 얼마 동안은 잠잠히 있다가 갑자기 소리를 지르며 하는 말이 “아버지, 보는 이가 있어요. 보는 이가 있어요. 하나님이 내려다 보십니다” 하였다. 세상만사에 사람은 알지 못해도 하나님은 알고 계시므로 악한 일을 하여서는 아니 된다고 그 아버지에게 경고한 이 아들은 참으로 하나님을 믿는 마음을 가진 아이이다.

성경 가운데 이러한 비유가 있다. 두 사람이 있어 하루는 성전에 올라가 하나님께 기도할 때에, 하나는 바리새인으로서 교만하며 자기가 옳다 하는 자요, 또 하나는 세금을 거두는 세리로서 그 때의 유대 사람들이 천히 여기는 자였다. 바리새교인이 서서 기도하여 말하기를 “하나님이여, 나는 다른 사람들 곧 토색, 불의, 간음을 하는 자들과 같지 아니함을 감사하나이다. 나는 이레에 두 번 씩 금식하고 또 소득의 십일조를 드리나이다” 하고 세리는 멀리 서서 감히 눈을 들어 하늘을 우러러 보지도 못하고 자기 가슴을 치며 기도하기를 “하나님이여, 불쌍히 여기소서. 나는 죄인이로소이다” 했으니 하나님께서는 이 두 사람 중에 바리새교인의 교만한 기도보다 세리의 통회하는 기도를 들으셨다고 한다. 이와 같이 하나님은 마음이 겸손한 자를 붙드시고, 교만한 자를 물리치시며, 사람은 사람의 외모를 보지만 하나님은 그 속마음을 감찰하신다.

우리는 먼저 겸손한 마음으로 자기를 낮추고 지은 죄를 회개하여 사하심을 받고 새 사람이 되어 신령과 진리로써 하나님 아버지께 경배함이 마땅하다.

"헛된 제물을 다시 가져오지 말라 분향은 내가 가증히 여기는 바요 월삭과 안식일과 대회로 모이는 것도 그러하니 성회와 아울러 악을 행하는 것을 내가 견디지 못하겠노라 내 마음이 너희의 월삭과 정한 절기를 싫어하나니 그것이 내게 무거운 짐이라 내가 지기에 곤비하였느니라 너희가 손을 펼 때에 내가 내 눈을 너희에게서 가리고 너희가 많이 기도할지라도 내가 듣지 아니하리니 이는 너희의 손에 피가 가득함이라. 너희는 스스로 씻으며 스스로 깨끗하게 하여 내 목전에서 너희 악한 행실을 버리며 행악을 그치고 선행을 배우며 정의를 구하며 학대 받는 자를 도와 주며 고아를 위하여 신원하며 과부를 위하여 변호하라 하셨느니라" (이사야 1:13~17).

"아버지께 참되게 예배하는 자들은 영과 진리로 예배할 때가 오나니 곧 이 때라 아버지께서는 자기에게 이렇게 예배하는 자들을 찾으시느니라 하나님은 영이시니 예배하는 자가 영과 진리로 예배할지니라" (요한복음 4:23~24).

제 2 장

인간의 죄악

1. 의인은 없나니 곧 하나도 없느니라

성경에 말하기를 "어찌하여 형제의 눈 속에 있는 티는 보고 네 눈 속에 있는 들보는 깨닫지 못하느냐? 보라, 네 눈 속에 들보가 있는데 어찌하여 형제에게 말하기를 나로 네 눈 속에 있는 티를 빼게 하라 하겠느냐? 외식하는 자여, 먼저 네 눈 속에서 들보를 빼라. 그 후에야 밝히 보고 형제의 눈 속에서 티를 빼리라" 하는 말씀으로 이 세상의 거짓 도덕가들을 경계하신 말씀이 있다.

이와 같이 믿음이 없고 사상이 천박한 사람들은 오로지 남의 허물과 단점만을 찾기 힘쓰나, 진실한 사람은 다 자기 지은 죄악을 안다. 여기서 말하는 죄악이란 뜻은 나라의 법에 걸려서 경찰서나 감옥에 들어 갈만한 죄 뿐 아니라, 무릇 자기 양심의 지지를 거스리고 거룩하신 하나님의 마음을 아프게 할 만한 언어와 행동과 사상을 총칭하여 죄악이라 한 것이다. 비유컨대, 법률상 죄인은 전염병 환자와 같고, 교도소는 격리 병원과 같다. 콜레라, 이질, 장티푸스, 천연두 환자들을 밖에 버려두면 즉시 전염하게 되므로 이를 격리 병원에 옮겨서 치료하는 것과 같이 도둑놈이나 강도나 살인자나 방화범 같은 자들을 그대로 버려두면 사회를 어지럽게 하므로 이러한 자를 감옥 속에 가두어 바깥세상과 서로 교통치 못하게 한다. 그러나 격리병원 밖에도 콜레라나 장티푸스에 못지않은 폐병이라든지, 뇌염, 위병, 심장병 같은 중병에 걸려 언제 죽을지 모르는 병자들이 아주 많은 것처럼, 교도소 밖에 있는 사람 중에도 복역자보다 죄가 많으며, 위로는 하나님을 배반하고 아래로는 세상 사람을 괴롭히는 큰 죄인의 무리가 세상에 가득하다.

성경에는 "모든 불의가 죄"이며 또한 "믿음으로 좇아 하지 아니하는 모든 것이 죄"이며 "선을 행할 줄 알고도 행하지 아니하면 죄니라" 하였으니, 자세히 말하면 훤화, 쟁론, 악담, 패설, 원망, 질투, 탐심, 도둑, 교만, 허위, 불효, 부실, 불의, 무정, 방탕으로 몸을 돌아보지 아니하며, 자비심이 없고 믿지 아니하는 행동이 있을 뿐 아니라, 술을 즐기며, 도박 잡기에 골몰하여 자기 직업을 게을리 하며 재물을 허비하고 약속을 지키지 아니하는 것도 신성하신 하나님 앞에는 다 용납하지 못할 죄악이다.

그러므로 이와 같은 기준으로써 헤아릴진대, 세상 가운데 어느 누가 나는 아무런 죄도 짓지 아니하였다고 말할 수 있겠는가. 성경에 이르기를 "의인은 없나니 오직 한 사람도 없느니라" 하였으므로 모든 사람은 다 하나님 앞에 아주 중대한 죄악을 범한 자이다.

어느 날, 서기관과 바리새교인 등 많은 사람들이 한 젊은 여인을 이끌고 예수 그리스도께로 와서 그 가운데 서게 하고 말하기를 "선생이여, 이 여인이 음행하다가 현장에서 잡혔으니 모세의 율법에 우리를 명하여 이 같은 여인은 돌로 치라 하였는데 선생은 어떻게 말씀하겠나이까?" 하였다. 이 말을 듣고서도 그리스도는 아무 대답도 아니하시고 묵묵히 손가락으로 땅에다 글을 쓰시니 그 사람들이 묻기를 그치지 아니하는지라. 일어나서 말씀하시기를, "너희 가운데 누구든지 죄 없는 사람이 먼저 돌로 치라" 하시고 또 몸을 굽히사 손가락으로 땅에 글을 쓰셨다. 모인 군중들은 이 권위 있는 말씀에 그의 양심의 가책을 받아 자기들의 오늘까지 지은 죄가 생각나서 부끄러웠든지, 서로 빤히 쳐다보다가 어른부터 아이까지 다 흩어져 가고 예수와 그 여인만 남아 있었다고 했다. 옛 사람의 노래에 "제 아무리 사람에게 없다고 숨긴들, 마음에 물으면 무어라 대답할까?", "내 마음을 거울에 비칠 수 있다면 그 모양이 얼마나 보기 싫으랴?" 한 말이 있다. 이와 같이 남의 허물을 찾는 동안에 자기를 살피는 자는 반드시 태산과 같이 쌓인 자기의 죄악을 찾을 것이다. 예로부터 뜻이 높은 인물들은 다 자기 죄악을 깊이 깨달은 사람들이었다. 그러므로 사람 된 인품의 고하를 알려면 그 사람들이 자기가 지은 죄를 슬퍼하는 정도를 보아 짐작할 수 있다.

그러므로 공자는 성인이지만 그 마음을 말하여 이르기를 "덕을 닦지 못하며, 학을 강설치 못하며, 의를 듣고 옮기지 못하며, 불선을 고치지 못함이 나의 큰 근심이라" 하였고, 바울 선생은 말하기를 "오호라, 나는 곤고한 사람이로다. 내가 원하는 바 선은 하지 아니하고 도리어 원치 아니하는 바 악은 행하는도다" 했으며, 또 "죄인 중에 내가 괴수니라"고 깊이 탄식하였다. 사도 베드로는 자기 죄를 깨닫게 되었을 때에 그가 타고 있던 배 가운데 엎드러져 말하기를 "주여, 저는 죄인이로소이다" 하며 참회하였고, 루터 선생은 자기의 죄를 통회하는 나머지 방 가운데 엎드러져 기절하였다고 한다.

지금부터 약 600년 전에 이탈리아의 쎄네브로라 하는 사람은 대신앙가였는데 이도 역시 자기의 죄를 심히 고통스럽게 여겨 남루한 의복을 입고 근심이 가득한 걸인 모양으로 성 안을 다니던 중에 별안간 경관에게 붙잡혔다. 잡힌 까닭은 이 때에 이 지방을 맡아 다스리던 관원이 아주 좋지 못한 위인으로서 항상 무법한 치세를 했으므로 백성들이 심히 미워하던 중, 어떤 사람은 관원을 암살하려고 걸인 모양으로 변복하고 다니는 자가 있다는 소문이 퍼져 있어 보기에 수상한 걸인은 일일이 잡아다가 조사하던 때로, 지네프로도 역시 자객의 한 사람으로 혐의를 받아 잡히게 되었다. 구류 중에 있던 쎄네브로는 오래지 않아 재판관 앞에서 엄중한 심문을 받게 되었다. "그대는 어떠한 자인가?" "저는 큰 죄인입니다." "그대는 무슨 죄를 지었는가?" "저는 역적입니다. 하나님 앞에 아무 은혜도 받지 못할 죄인입니다." "그러면 그대는 관원을 암살하려고 음모를 하였는가?""아니오, 아니오, 저는 하나님 앞에 가장 큰 죄를 지었습니다." 이와 같이 심문 받은 결과, 쎄네브로는 세상에 용납지 못할 극악한 죄인으로 인정되어 사형선고를 받았는데, 쎄네브로의 친구가 이 말을 듣고 극력 주선하여 변호하기를 쎄네브로가 자칭 큰 죄인이라 함은 결코 관원을 암살하려거나 국법을 범해서가 아니라, 완전히 하나님에게 대하여 지은 죄임을 힘써 변호함으로써 다행히 목숨을 구원했다 한다. 이것은 너무 비약적인 이야기일수 있지만 이는 예로부터 진실한 사람들이 죄에 대하여 얼마나 깊히 애통해했는지를 알 수 있다. 모든 사람은 다 하나님 앞에 죄인이며, 죄인은 참으로 이 세상에서 가장 가증하고 밉고 두렵고 부끄러운 존재다.

> "어리석은 자는 그의 마음에 이르기를 하나님이 없다 하는도다 그들은 부패하고 그 행실이 가증하니 선을 행하는 자가 없도다. 여호와께서 하늘에서 인생을 굽어살피사 지각이 있어 하나님을 찾는 자가 있는가 보려 하신즉 다 치우쳐 함께 더러운 자가 되고 선을 행하는 자가 없으니 하나도 없도다. 죄악을 행하는 자는 다 무지하냐 그들이 떡 먹듯이 내 백성을 먹으면서 여호와를 부르지

아니하는도다. 그러나 거기서 그들은 두려워하고 두려워하였으니 하나님이 의인의 세대에 계심이로다" (시편 14:1~5).

2. 죄악은 모든 재앙의 근본이다

옛 사람의 말에 "하늘이 만든 재앙은 오히려 피할 수 있으나, 자기가 만든 재앙은 피할 수 없다" 함과 같이, 사람이 평생 동안 사노라면 수화지재(水火之災 | 물과 불로 인한 재앙), 도난, 질병과 폭풍, 지진 등의 재앙을 당하지만 그보다도 무서운 재앙은 사람마다 스스로 지은 죄에 대한 보응이다.

오늘날 온 세상 인간들은 다 하나님 앞에 죄인이다. 그러므로 사람마다 죄의 보응을 받아 현세에서도 환난 고통 중에 신음한다. "거짓으로 끈을 삼아 죄악을 끌며 수레 줄로써 차를 끄는 것 같이 죄악을 끄는 자는 화 있을진저" 함은 이 형편을 말한 것이다.

죄악은 몸을 망하게 한다.

클라드 스톤이란 사람의 말이 "전쟁과 유행병과 흉년, 이 세 가지 재난의 막대한 손해를 합하더라도 술을 마심으로써 생기는 손해와는 족히 비교할 수 없다" 하였고, 솔로몬 왕은 세상에서 방탕한 자를 특별히 경계하여 말하기를 "창기로 인하여 사람들이 극히 궁핍한 지위에 떨어지게 되며, 또한 사람을 상하여 넘어지게 하지만 창기에게 미혹되어 귀중한 생명을 잃는 자가 매우 많다. 여자의 집은 지옥으로 들어가는 문이니 사람을 멸망으로 인도하는 자로다. 음란한 행위를 하는 자는 어리석고 미련한 자니 그 영혼을 멸망케하고 상처와 수치를 몸에 받아 그 부끄러움을 씻을 수 없는 자라" 하였다.

스까모 형무소의 복역자들이 부르는 노래에 "붉은 얼굴로(飮酒) 기뻐 날뛰다가 붉은 옷(囚服)을 입고서 고생을 한다" 또는 "붉은 속 치마에 미혹받은 끝에 붉은 옷을 입고서 고생한다"는 가사가 있는데, 이와 같이 주·색 두 가지는 마귀가 사람을 잡는 제일 큰 함정이다. 플랭크린의 말이 "이제 정부에서 명령하기를 매일 일하는 시간의 십분의 일은 나라를 위하여 일하며 세금으로 상납하라고 한다면 이는 너무 가혹한 명령이라 하여 정부를 원망하지 않겠는가. 그러나 사람의 나태는 그보다 더욱 중한 세금을 지운다." 심히 나태하면 병이 들게 되며 사람의 목숨을 짧게 하고 또한 쇠를 먹는 동록(銅綠 | 구리의 표면에 녹이 슬어 생기는 푸른빛의 물질)과 같아서, 그 소모도가 숫돌에 갈아서 닳는 것보다도 녹슬어 없어짐이 더하다. 그러므로 속담에 "늦잠 자는 여우는 새를 잡지 못한다", "아침에 늦잠 자면 종일토록 쫓아가도 미치지 못하며 밤길을 걸어 쫓을지라도 미치지 못한다" 하며, "헛되이 좋은 운수 만나기만 바라고 지내다가 주리는 지경에 이르렀다" 하였으니, 그러므로 가난한 것이나 곤궁한 것이나 실패나 성공하지 못함의 거의 10분의 9는 필경 그 자신의 허물 때문이다. 즉 성실과 능력이 부족하거나 품행이 아름답지 못하거나 믿지 않는 결과라고 말할 수

밖에 없다. 그 뿐 아니라 몸에 병이 나는 것 까지도 거의 그 자신의 부주의와 부정한 품행에 연유한 것이다.

구세군의 어떤 영문에 잘 믿는 의사가 있어 하루는 환자를 진찰 차 갔는데 이 환자는 아는 사람일 뿐더러, 전 부터 그리스도의 교훈도 대강 알았고 평시에는 매우 진실한 체 하는 사람인데 걸린 병이 매독질환이었다. 이 의사는 대경실색하여 정색하고 숨김없이 말하였다. 그는 "당신의 이번 병은 품행이 부정한 보응(報應)이니 병 치료를 받기 전에 먼저 하나님 앞에 죄 사함 받기를 위하여 회개함이 마땅하다"고 충고했었다고 한다.

이와 같이 사람의 죄악은 모든 재난의 근본이다. 질병과 재난과 곤궁을 비롯해 가정이 화합하지 못함이나, 사업의 실패나, 살인하는 것이나, 부부 간의 이별이나 다툼이나, 살인이나, 전쟁 등 모든 인간 세계에서 가장 저주할 만한 것은 거의 다 이 죄가 불러들이는 것이다.

죄악은 온 마음속에 병이 나게 한다

"악인에게는 평안한 마음이 없다." 죄인은 그 양심의 가책을 받아 항상 고통과 슬픔 중에서 살아간다.

영국 런던에 와인이라는 사람이 있었는데, 하루는 자기가 사는 근처 피복점에 들어가서 주인 부부를 죽이고 2만5,000엥 가량 되는 물건을 도둑질해 가지고 미국으로 도망을 쳤다. 그 수법이 매우 교묘하였으므로 영국에서는 아무리 해도 범인을 잡을 수가 없었고, 도리어 애매한 사람을 혐의자로 몰아서 무혐의가 입증이 안되면 사형에 처하였다. 그러나 진짜 범인은 무사히 미국으로 빠져나가 20년 동안이나 처자를 거느리고 평안히 살면서 가세도 점점 풍족해져서 부유하게 되었다. 20년 만에 자기 고향 런던을 구경 하고자 하여 집을 떠나 런던으로 건너가서, 하루는 거리에 나가 세간 살림살이를 사려고 상점을 기웃거리는데 마침 두 순경이 한 죄인을 붙잡으려고 쫓아가며 "그놈 잡아라. 그놈 잡아"하고 크게 고함을 치므로, 와인이 이 말을 들을때 문득 20년 전에 지은 죄가 생각나서 겁에 질려 수족이 사시나무 떨 듯이 하여 더 견딜 수가 없어서 부지불식간에 순경을 향하여 "나를 잡으시오. 나는 큰 도둑입니다" 하고 조금도 숨김없이 자백했었다고 한다. 이와 같이 하나님께서 사람의 비밀을 드러내시므로 인간 만사 어느 것 하나라도 하나님 앞에 그대로 드러나지 않는 것이 없다. 속담에 "정직한 마음은 맑아 허물할 것이 없고, 거짓을 행하는 마음은 불안 하도다" 함과 같이, 죄인은 안심하고 평온한 생활을 하지 못한다.

죄인은 사후에 그 죄 값으로 지옥에 떨어진다

인간의 영혼은 이 세상뿐만 아니라 영원토록 산다.

그러나 하나님은 공의로우시므로 죄 없는 사람은 천국에 들어가되 하나님의 뜻을 거스르고 자행자지(自行自止 | 스스로 행하고 스스로 그친다)한 사람은 영원한 지옥에 떨어지게 되는 것이다. 예수께서 말씀하시기를 "만일 네 오른 눈이 너로 실족하게 하거든 찍어 내버리라. 네 백체(百體 | 몸의 온

갖 곳) 중에 하나가 없어지고 온 몸이 지옥에 던지우지 않는 것이 유익하며, 또한 만일 네 오른 손이 너로 실족케 하거든 찍어 내 버리라. 네 몸의 모든 것 중 하나가 없어지고 온 몸이 지옥에 던지우지 않는 것이 유익하니라" 하였으니, 이를 보더라도 죄를 범함으로써 지옥에 떨어지는 형벌이 얼마나 참담한 것인가를 알 수 있다.

> "한 부자가 있어 자색 옷과 고운 베옷을 입고 날마다 호화롭게 즐기더라 그런데 나사로라 이름 하는 한 거지가 헌데 투성이로 그의 대문 앞에 버려진 채 그 부자의 상에서 떨어지는 것으로 배불리려 하매 심지어 개들이 와서 그 헌데를 핥더라 이에 그 거지가 죽어 천사들에게 받들려 아브라함의 품에 들어가고 부자도 죽어 장사되매 그가 음부에서 고통중에 눈을 들어 멀리 아브라함과 그의 품에 있는 나사로를 보고 불러 이르되 아버지 아브라함이여 나를 긍휼히 여기사 나사로를 보내어 그 손가락 끝에 물을 찍어 내 혀를 서늘하게 하소서 내가 이 불꽃 가운데서 괴로워하나이다 아브라함이 이르되 얘 너는 살았을 때에 좋은 것을 받았고 나사로는 고난을 받았으니 이것을 기억하라 이제 그는 여기서 위로를 받고 너는 괴로움을 받느니라. 그뿐 아니라 너희와 우리 사이에 큰 구렁텅이가 놓여 있어 여기서 너희에게 건너가고자 하되 갈 수 없고 거기서 우리에게 건너올 수도 없게 하였느니라. 이르되 그러면 아버지여 구하노니 나사로를 내 아버지의 집에 보내소

서. 내 형제 다섯이 있으니 그들에게 증언하게 하여 그들로 이 고통 받는 곳에 오지 않게 하소서. 아브라함이 이르되 그들에게 모세와 선지자들이 있으니 그들에게 들을지니라. 이르되 그렇지 아니하니이다 아버지 아브라함이여 만일 죽은 자에게서 그들에게 가는 자가 있으면 회개하리이다. 이르되 모세와 선지자들에게 듣지 아니하면 비록 죽은 자 가운데서 살아나는 자가 있을지라도 권함을 받지 아니하리라 하였다 하시니라" (누가복음 16:19~31).

3. 죄악은 성장 번식한다

죄악은 가장 두려워 할 인간의 원수이다. 이 세상에서도 여러 가지로 사람을 괴롭히고, 또 앞으로의 세상에서는 그 영혼을 지옥에 빠지게 하는 놀랄 만한 큰 원수이다. 그러한 중에도 더욱 두려워 할 바는 번식력이 강함이다. 가령 한 범죄를 범한 자는 또 범하고 또 범하여 마침내 큰 죄인이 되며, 또 한 사람이 죄를 범하면 반드시 다섯 사람이나 열 사람의 친구가 있어 같이 범죄 하는 죄인 단체를 이루는데, 이로 본다면 죄악은 눈덩이와 같아서 굴리면 굴릴수록 눈이 많이 뭉쳐져 커지는 것과 같고, 또 유행병과도 같아서 삽시간에 여러 사람에게 전염된다.

그러므로 서양 속담에 "마귀가 네 가지 말로 사람을 죄에 빠지게 한다" 하였다. 첫째는 "누구든지 하니까", 둘째는 "이까짓 일이야", 셋째는

"한 번만", 넷째는 "아직 앞날이 많으니", 이러한 말로 꾀인다. 속담에 있는 "처음의 첫 잔은 사람이 술을 먹고, 둘째 번 잔은 술이 술을 먹고, 셋째 번 잔은 술이 사람을 먹는다" 하는 말과도 비슷하다. 두 속담이 다 무엇을 가리키느냐 하면, 마귀가 사람의 틈을 타서 작은 죄로 시작해 큰 죄로 인도함을 경계하는 것으로 안다. 죄악은 옷소매 속의 먼지와 같아서, 사람이 알지 못하는 동안에도 항상 쌓이는데, 이와 같이 죄악도 우리가 깨닫지 못하는 중에 옷소매 속의 먼지와 같이 쌓인다. 속담에 "젖기 전이거든 이슬이라도 피하라"는 말이 있는데, 이 뜻은 다름 아니라 귀한 의복 같은 것을 적시지 아니하려거든 이슬이라도 맞지 않도록 조심하라는 뜻이다. 사람이 무슨 악한 일을 하기 시작하면 점점 악해져서 무소불위(無所不爲 | 하지 못하는 일이 없음)의 지경에 이른다.

언젠가 시코쿠(四國)지방 어느 성에서 두 세 청년의 장난꾼들이 모여서 의논하기를 오늘 밤에는 심심한데 성 안에서 제일 인색한 아무개 구두쇠 영감을 혼 좀 내 주자 하고, 제각기 생선 갈치 한 마리 씩을 들고 그 부자의 집에 달려 들어갔다. "여보 영감, 돈을 내 놔야지 아니 내면 이 칼로 목을 벨 터이다"고 위협하니, 그 영감은 도둑인 줄 알고 벌벌 떨면서 많은 돈을 내 놓으며 애걸복걸하였다. 일이 이쯤되자 청년들이 장난으로 그리 하였다고 말하기도 어렵게 됐으므로, 그 돈을 받아가지고 집에 돌아와서는 "자 이왕 된 일이니 생긴 김에 한 잔 먹고 보세" 하고 저희끼리 실컷 먹고 마신 것이 시작이 되어 도둑질에 재미를 붙여 마침내 큰 강도가 되었다. 이와 같이 장난삼아 한 일이 참으로 큰 죄를 짓게 된 씨앗이 된 것을 보면 깊이 새겨야 되겠다.

옛날 이시카와 코우에몽(石川五右衛門)이라는 큰 도적은 아들 고로씨(五郎市)와 함께 시지죠(七條) 강가에서 달군 가마솥에 넣어 죽이는 사형을 받을 때에 "도둑질의 근본은 거짓말로 시작되고, 거짓말의 근본은 부정한 품행에서 시작되니, 젊은 사람은 주색잡기와 도박이 참혹한 끝의 시작이라. 다음은 사기하고 남을 속이고 물건을 훔치다가, 마침내는 부모의 것, 주인의 것, 남의 것이나 거칠 것이 없다. 처음에는 남 몰래 혼자 하더니, 두 사람 세 사람 작당을 지어 그만 두라 해도 그만 둘 수 없게 된다. 언덕에서 수레를 굴리는 것 같아 수레는 빠르나 마음은 뒤져서 후회막급, 오늘날 이 지경이라. 나의 일신 뿐 아니라 자식까지도 형벌의 고통을 당하노라니 아비된 이 내 마음이 어떠하오리까?" 하며 크게 탄식하였다 한다.

"새는 죽으려 할 때 그 우는 소리가 슬프고, 사람은 죽으려 할 때 그 말이 선하다" 함과 같이 이시가와의 임종 시에 한 말도 죄악이 처음 시작할 때는 작았으나 차차 커진다는 것과, 죄의 세력이 사람을 속박하여 깊은 가운데 빠지게 한다는 것과 또 죄악은 자기 한 사람 뿐 아니라 여러 사람까지 미혹한다는 이치를 말한 줄로 생각된다.

메이지 30년(1897년) 경에 마츠다이 노리요시(松平紀義)라는 자가 자기 아내를 죽여 그 시체를 자노미스(茶水)라는 다리 아래 내 버린 일이 있었다.

그 때에 도오교 시에서 이 일을 가리켜 "자노미스 사건"이라 하여 유행한 노래가 있었는데, "인생 불과 50에 둘도 아닌 이 영혼이 잠깐만 흐리면 「자노미스」로다" 하였으니 아, 슬프다. 인생이 불과 50에 오직 하나인 내 영혼이 잠깐 흐려져서 하나님의 마음을 아프게 하고 세상을 어지럽게 하여, 그 몸과 영혼을 멸망케 하는 큰 죄인이 되게 하니 두렵고 떨리는 것은 죄악의 번성이 대단히 신속함이다. 그뿐 아니라 사람의 죄악은 사귀는 사람에게도 전염되며 그 자손에 까지도 영향을 끼치게 된다. 연극배우의 행동을 기생이 본받기 쉽고, 기생의 언행을 점잖은 집 부녀가 흉내 내기 쉬우며, 오늘 어떤 이 서방이 한 일을 내일 어느덧 박 서방이 실지로 행하며, 절간의 상자(上佐 | 예비 승려)는 배우지 아니하고도 경문을 외우며, 거리의 철부지 아이들은 귀에 익은 유행가를 부른다. "시어머니가 며느리를 때리면 며느리는 하녀를 때리고 하녀는 두레박줄을 흔든다" 하며, 또한 "아비가 신 포도를 먹었으므로 아들들의 이가 시다" 함은 우리가 매일 실제로 보고 있는 것이다.

옛날 질그릇 발명자 봇챠는 그 공장의 감독으로 있으면서 불평이 많아, 일부러 폭음을 했었는데 이를 본 일반 직공들도 술 마시는 버릇이 생겨 점점 성행하다가 공장의 일대 악풍이 되어 아침부터 저녁까지 매일 싸움만 하여서 작업 진전이 잘 되지 아니하므로, 공장에서 말리다 못해 마침내는 정부에서 군대를 보내어 300명을 잡아다가 감옥에 가둔 일이 있었다고 한다. 이와 같이 한 사람의 죄악이 많은 사람을 좋지 못한 길로 인도한다.

또 지금부터 190여 년 전 독일에서 아다 요크라는 여자가 태어났는데, 이 여자가 장성하며 따라 술을 많이 마시다가 마침내 대주객이 되어 거리를 방황하는 지경에 이르러서 60여 세에 죽었는데, 이 때 그 나라 모 대학교의 벨만이라는 교수가 이 여자의 후손을 조사하여 죄악의 번식력이 무서운 것을 입증했다. 이 여자의 후손은 지난 160년간에 도합 834명으로 그 중에 조사대상자 수는 709명이었다. 그 조사 결과를 보면 사생아가 109명이요, 거지된 자가 142명이고, 고아원에서 양육을 받은 자가 64명이요, 창기된 자가 180명이요, 전과자 수가 76명인데 이 가운데 살인범이 7명이었다. 최근 75년 동안 고아원과 교도소에서 이 여자의 후손 때문에 낭비한 돈이 도합 250여만 엔이었다고 한다. 여러분이시여, 이 여자 한 사람의 죄가 그 후에 자손에게 이르러서 얼마나 괴로운 존재가 된다는 것을 확실히 알 수 있지 않은가?

> "너는 나 외에는 다른 신들을 네게 두지 말라. 너를 위하여 새긴 우상을 만들지 말고 또 위로 하늘에 있는 것이나 아래로 땅에 있는 것이나 땅 아래 물 속에 있는 것의 어떤 형상도 만들지 말며 그것들에게 절하지 말며 그것들을 섬기지 말라 나 네 하나님 여호와는 질투하는 하나님인즉 나를 미워하는 자의 죄를 갚되 아버지로부터 아들에게로 삼사 대까지 이르게 하거니와 나를 사랑하고 내 계명을 지키는 자에게는 천 대까지 은혜를 베푸느니라"(출애굽기 20:3~6).

4. 인간은 스스로를 구원하지 못한다

죄악의 보응이 두려운 것과 그 해독이 심하다는 것은 앞에서 말씀드린 바와 같다. 그러므로 이와 같은 죄악에 빠지지 않도록 예로 부터 많은 사람들이 도리를 생각하여 여러 가지 규칙을 만들어 마음을 닦으며 또한 법률의 힘으로써 사회의 풍속을 개량해 보려고 힘 쓴 사람도 많았지만 그 결과는 하나도 성공한 예가 없다. 그것은 죄악이라는 것이 모든 사람들의 마음 속에 깊이 뿌리를 박고 있으므로, 언어라고 하는 잎사귀와 행위라는 열매를 따 버릴지라도 또 여전히 잎사귀와 열매가 자기 나고 싶은 대로 나오고 맺히기 때문이다. 법률이나 권면이나 경계나 책망이나 자기의 결심을 가지고는 도저히 사람을 죄의 권세 아래에서 구원해 낼 수 없다.

성경에서 "욕심이 잉태한즉 죄를 낳고 죄가 장성한즉 사망을 낳느니라"(야고보서 1장 15절) 한 것은 사람들이 멸망으로 들어가는 노정을 말씀함이요, 또 로마서 7장 11절에 "죄가 기회를 타서 계명으로 말미암아 나를 속이고 그것으로 나를 죽였는지라"한 것은 규칙이나 법률은 사람을 구원할 힘이 없고, 도리어 한 가지 지은 죄를 가리우기 위하여 또 한가지 죄를 짓게 되며 더욱 악에서 악으로 깊이 들어가게 된다는 상황을 알려준다. 일본에 처음으로 담배가 들어온 것은 이제 부터 300년 전, 곧 케이초(慶長) 10년(1605년) 인데, 그 후 11~12년을 지나 겐나(元和) 2년(1616

년)에는 정부에서 담배의 해독을 알고 금지 하려고 전국에 금령을 반포하였다.

금 령

1조, 담배를 심는 자는 30일 이상 50일 이하의 금고에 처한다.

2조, 담배를 파는 자도 제1조에 의거하여 처벌한다.

3조, 만일 어떠한 동네든지 그 가운데 한 사람이라도 담배를 심는 자가 있으면 그 동네 사람 한 사람에 대해 100문(百文)씩의 벌금을 징수할 것.

4조, 담배를 심는 곳의 관장은 500문 이하의 벌금에 처한다.

5조, 담배를 숨겨 두는 지방 관장에게는 벌금 5관문(五貫文)을 징출할 것.

위에 기록된 바, 각 조목을 엄히 금령하노니 뭇 백성은 삼가 어김이 없을지어다.

元和 2년 10월 3일

안도 츠시마노카미(安藤對馬守)

도이 오오이카미(土井大吹守)

사카이 빈고카미(酒井備後守)

혼다 코우즈게노스케(本多上野介)

이타쿠라 이가노가미(倉伊賀守)

그런데 이와 같이 담배를 금하는 엄중한 금령이 내렸지만 얼마 되지 않아서 도쿄 시내 니혼바시 시로키야(白木屋 | 선술집) 주인이 어디를 가다 보니까, 다리 아래서 5, 6명이 숨어 앉아 담배를 피우고 있었다. 이것을 보고 그 사람은 생각하기를 "아무리 나라에서 엄한 훈령을 내려도 법률이나 규칙의 힘으로는 도저히 사람이 즐기는 것을 고치지 못하리라" 하고, 마음으로 돈 벌 궁리를 하여 사방으로 사람을 보내 소용 없게 된 담뱃대를 헐값으로 사 두었더니, 얼마 되지 아니하여 금법이 차차 해제되고 담배 피우는 자가 날로 많아짐으로 전에 헐값에 사서 두었던 담뱃대를 이윤을 많이 남겨 팔아서 큰 돈을 남겼다. 그리하여 지금도 그때 일을 기념하려고 그 집 상표를 이와 같이 쓰고 있는데 이 상표는 담뱃대 둘을 서로 교차하여 그린 것인데, 지금도 도쿄의 '시라키야'라 하면 모르는 사람이 별로 없다. 이처럼 나라의 법률이란 것은 그 백성을 보호하는데 효과가 있으나, 사람의 마음을 고치는 힘은 없는 것이다. 또 이와 같이 사람마다 자기의 힘으로 된 작정이나 결심을 가지고는 죄를 막는 효력은 없다.

그러므로 왕양명(王陽明)이란 사람이 말하기를 "산 중에 있는 도둑은 이기기 쉬우나 마음 가운데 있는 도둑은 이기기 어렵다"고 탄식하였고, 러시아의 피터 대제는 자탄하기를 "짐은 러시아 대제국을 다스릴 줄은 아나 내 마음 하나는 다스릴 수 없다"고 슬퍼하였으며, 또 옛 노래에 "마음이야말로 마음을 미혹하는 마음이니, 마음에 마음을 허락지 말라" 했고, 또 다른 노래에는 "몇 번이나 생각하고 정한 후라야 변치 아니할까? 믿을 수 없는 것은 내 마음이로다" 하였으며, 옛적에 쇼쿠산인(蜀山人)이라는 사람은 금주를 단단히 결심한 후 2, 3일 동안 실행하다가 참을 수 없으므로 다시 술을 마시면서 자기 옆의 미닫이에 글을 지어 써서 붙였는데 "나의 금주하려던 것은 해어진 옷과 같이 떨어졌구나. 자, 부어다오 이리 따라다오" 하였으니, 이같이 무능력해서 실패한 이야기는 어찌 촉산인 한 사람뿐이랴. 세상에는 이와 같은 경우가 매우 많다.

그 중에도 메이지 시대에 일등 인물로 치는 후쿠자와 유키치(福澤兪吉) 같은 이도 자기의 업적을 말하면서 다음과 같이 뉘우친 말을 자서전에 기록하고 있는 것을 보았다.

『나는 술 때문에 평생 큰 해를 보았는데 그로 인한 손해는 오늘날 까지 내 몸에 붙어 있는 바이다. 내가 사숙에서 공부할 때에 술이라는 것은 조금도 유익이 없다는 사실을 확실히 깨닫고 단연코 끊었다. 내가 금주했다는 말을 곁의 학생들이 듣더니 크게 비웃으며 하는 말이 "흥, 후꾸자와가 술을 끊다니, 이상한 일이다." "그래, 몇 날이나 갈까, 열흘도 못갈걸." "열흘은 웬 열흘, 사흘도 못가서 도로 먹으리라" 희롱하는 자 뿐이었다. 그러나 나는 굳게 마음먹고 약 보름 동안을 끊고 있으려니 하루는 다카하시 준에키(高橋順益)라는 친구가 찾아와서 은근히 칭찬하며 말하기를 "잘 참으시네 그려, 썩 무던하신 걸, 놀라운 일일세. 그렇지만 습관이라는 것은 비록 나쁜 일이라도 갑자기 끊는 것은 좋지 않을 뿐 아니라, 도저히 불가능한 일이니까 자네가 참으로 술 끊기로 작정하였다면 술 대신에 담배를 시작하게. 사람이란 무엇이든 한 가지 낙이 있어야 되는 법이

네"하며 친절하게 말했으나, 나는 담배를 당초부터 싫어하여 동숙 중에라도 담배 피우는 것을 싫어할 뿐더러 지금껏 아무 유익도 없고 위생에도 해로운 추하고 냄새 나는 것을 내 옆에서 피우지 말라고 해 온 내가 차마 담배를 피울 수 있나 해서 개운치 않았지만 다까바시의 말을 들으니 그럴 듯하여 그러면 시작하여 보리라 하고 여러 가지로 담배 피우기를 배우는데, 동숙생들이 담배를 주는 자도 있고, 담뱃대를 빌려 주는 자도 있으며, 혹 어떤 친구는 일부러 가서 싱거운 담배를 사다 까지 주는 등, 어서 열심으로 잘 배우기를 바라는 모양이었다. 이 친구들이 이와 같이 고맙게 하는 까닭은 그들이 나를 사랑하는 마음에서 이와 같이 한 짓이 아니라 내가 항상 담배 피우는 것을 싫어하였으니 이 기회에 나로 하여금 담배장이가 되게 하려고 저들이 저러는 구나 마음속으로는 생각은 하면서도, 울며 겨자 먹기로 일단 정신이 금주할 욕심이었으므로 피우기 싫은 담배를 억지로 피우고 또 피우면서 차차 날이 가고 달이 가는 동안에, 처음에는 냄새가 나고 쓰던 것이 점 점 인이 박혀 쓴 맛도 없어지고 냄새도 안날 뿐 아니라, 도리어 그 냄새가 코에 향기처럼 감각되는 동시에, 이미 끊기로 작정한 술이 새삼스럽게 생각이 나서 아무리 하여도 잊혀지지 아니하므로, 스스로 연약한 행위인 줄은 알면서도 냉큼 한 잔 마시고 나니 이제는 못 참겠다 한잔 더 마시고 그만두리라 하고 술병을 흔들어 보니 술이 남아 있어 촐랑 촐랑 소리가 들리므로, 더욱 견딜 수가 없어서 그 병에 있는 세 홉 술을 몽땅 마셔 버리고, 또 다음 날은 다섯 홉을 마시고, 다음에는 계속 마시게 되었으며 설상가상 담배까지 잘 피우게 되었으므로 아무래도 담배나 끊어야 겠다 생각해 참으려고 했으나 이것도 벌써 뿌리가 깊이 박혀져 끊지 못하게 되니 혹을 떼려다가 붙인 셈이 되었다. 금주하겠답시고 달포를 허비하며 전에 모르던 담배까지 배워 가지고 60여 세에 이르는 지금까지 오는 동안에 술은 자연히 끊었으나 담배는 끊지 못하여 위생상 큰 해를 받지만 내가 저지른 잘못이므로 무엇이라 변명할 여지가 없다.』

다만 술과 담배만으로도 이러하거든 하물며 교만, 비굴, 허위, 탐욕, 음란, 불실, 나태, 투기, 도둑, 무정, 불신 등의 갖가지 죄악에 이르러서는 도저히 사람의 힘으로는 이기지 못할 것이다. 어떤 사람들을 보면 자기 집안에서는 온갖 별별 나쁜 일을 다 하면서도 밖에 나와서는 매우 얌전한 체하는 사람들이 많이 있는데 이는 다 외식하는 도덕가들이다. 그런데 이러한 사람들은 그리스도께서 말씀하신바 회 칠한 무덤 같이 겉모양은 좋으나 속에는 썩은 해골로 가득 찬 자들이라. 사람의 뼈 속까지 보시는 하나님 앞에서는 서푼 가치도 없는 자들이다. 그러면 어찌할꼬, 잘게 속이는 것보다는 차라리 진실히 행함이 낫다. 우리는 옛날 다윗 왕과 같이 자기가 당한 사실을 그대로 고하며, 하나님을 힘입어 그의 능력으로 구원함을 받는 길 밖에 죄에서 구원함을 받을 길이 없다.

> "하나님이여 주의 인자를 따라 내게 은혜를 베푸시며 주의 많은 긍휼을 따라 내 죄악을 지워 주소서. 나의 죄악을 말갛게 씻으시

며 나의 죄를 깨끗이 제하소서. 무릇 나는 내 죄과를 아오니 내 죄가 항상 내 앞에 있나이다. 내가 주께만 범죄하여 주의 목전에 악을 행하였사오니 주께서 말씀하실 때에 의로우시다 하고 주께서 심판하실 때에 순전하시다 하리이다. 내가 죄악 중에서 출생하였음이여 어머니가 죄 중에서 나를 잉태하였나이다. 보소서 주께서는 중심이 진실함을 원하시오니 내게 지혜를 은밀히 가르치시리이다. 우슬초로 나를 정결하게 하소서 내가 정하리이다 나의 죄를 씻어 주소서 내가 눈보다 희리이다. 내게 즐겁고 기쁜 소리를 들려 주시사 주께서 꺾으신 뼈들도 즐거워하게 하소서. 주의 얼굴을 내 죄에서 돌이키시고 내 모든 죄악을 지워 주소서. 하나님이여 내 속에 정한 마음을 창조하시고 내 안에 정직한 영을 새롭게 하소서. 나를 주 앞에서 쫓아내지 마시며 주의 성령을 내게서 거두지 마소서. 주의 구원의 즐거움을 내게 회복시켜 주시고 자원하는 심령을 주사 나를 붙드소서" (시편 51:1~12).

5. 회개하고 하나님 아버지께로 돌아오라

죄악은 세상에서 제일 가증한 것이며 두렵고도 부끄러워 할만한 것이다. 그러나 사람은 자기 힘으로 자기를 죄악에서 구원치 못하나니, 그러므로 우리 인생들은 오늘날까지 각각 지은 죄악을 하나님 앞에 자복하고 그의 능력으로 우리의 가련한 지경에서 구원함을 받을 수밖에 없다. 죄를 회개하는 것은 하나님을 공경하는 첫걸음이라 할 수 있는데 그 비유가 여기에 있다.

어떤 사람이 두 아들이 있는데 하루는 그 둘째 아들이 그 아버지에게 말하기를 "아버지여, 재산 중에서 내가 마땅히 받을 것을 내게 주소서" 하므로 아버지가 살림을 둘로 나누어 형제에게 주었더니, 둘째 아들은 그 재물을 가지고 멀리 다른 나라에 가 놀며 그 돈을 허비하여 방탕함으로 다 없앴다. 그 때 마치 크게 흉년이 들어 어제까지는 선생님, 나리님 하고 존경을 받던 부자의 자식도 오늘은 먹을 것이 없는 거지가 되어, 머리는 헝클어지고 몸에는 남루한 의복을 입고 남의 고용꾼이 되어 돼지를 치는 자가 되었으나 배불리 먹을 수가 없었다. 때로는 배를 채우려고 돼지 먹이인 팥껍질을 씹어 먹고 하는 참혹한 지경의 불쌍한 신세가 되었다. 이때서야 비로소 깨달은 것은 다름 아니라 자기가 오늘날까지 부모에게 불효한 것과 배은망덕하여 허랑방탕하며 가산을 탕진한 죄였다.

아, 우리 집에는 많은 품꾼이 있어 조금도 부족함이 없이 풍족히 지내는데, 나는 그 집 막내아들로 태어난 몸이로되 지금은 만리타향에 유리하며 주려 죽을 지경이로구나. 이렇게 된 것도 나를 사랑하시는 부모의 슬하를 떠나 멋대로 행한 보응이로다. 누구를 원망하랴, 이것이 다 나의 잘못한 과실 뿐이다. 그러면 어찌할꼬, 무슨 낯으로 세상을 산다는 말인가?

아, 차라리 이 자리에서 자결이나 하고 말까. 아니다, 아니다. 죽어서는 아니 된다. 할 수 있는 대로 살아서 이왕에 지은 죄를 벗기 위하여 빌어

먹어가면서라도 나의 고향에 돌아가 사랑하는 아버지의 얼굴을 뵈옵고, 나의 불효막대한 죄를 고하고, 이 몹쓸 자식이 아버지의 마음을 아프게 하고 방탕하였으니 죽기 전에 과거의 죄를 아버지 앞에 회개하고 죽는 것이 이 자리에서 죽는 것보다 나으리라 생각하여, 돼지 먹이는 일을 그만두고 파리하고 수척해진 몸으로 지팡이에 의지하여 비튼 걸음으로 고향을 향해 떠나갔다. 그런데 부모의 자식 사랑하는 마음은 참 이상한 것이다. 탕자의 아버지는 돌아온 자식의 죄를 용서하고 지난 일을 책망치 않을 뿐더러 도리어 그 자식을 붙잡고 회개하고 돌아온 것을 기뻐하여 "내 아들은 죽었다가 다시 살아났으며 잃었다가 다시 얻었으니 이러한 경사가 이 세상에 두 번도 없으리라"하고 즉시 남루한 옷을 벗기고 좋은 옷을 입히고 소를 잡아 큰 잔치를 열고 크게 즐거워했다고 한다.

이것은 한 비유로서, 이 말씀 가운데 아버지는 하나님을 가리킨 것이요, 탕자는 우리 인생들이다. 우리는 다 죄를 짓고 하나님을 멀리 떠나서 멸망의 길로 가는 자들이다. 우리들은 다 천하에 용납치 못할 큰 죄를 짓고 이 죄로 인하여 고통을 받았으니 자기를 구원할 힘이 없다. 오직 다행한 것은 하나님께서 그 넓으신 사랑으로써 구원할 길을 마련하사 누구든지 지은 죄를 회개하고 주를 믿는 자는 죄를 사하고 깨끗하게 하사 전에 지은 죄를 없이 할 뿐 아니라 다시 죄 짓지 않도록 보호하여 주신다. 사람을 죄와 벌 가운데서 구원하는 것은 오직 하나님의 은혜라. 그리고 그 은혜를 받는 길은 회개와 믿음 이 두 가지 뿐이다.

옛말에 “떫은 감아, 만 8년 동안 재배한 은혜를 모르는구나” 했는데 이 뜻은 다름 아니라 과수원지기가 8, 9년 동안이나 수고하여 재배한 감나무에 처음 감이 열린 것을 따 보니그 맛이 떫었던 것 같이, 우리 인생들도 하나님의 풍성하신 은혜 중에 살면서 이따금 무슨 일을 한다는 것이 하나님의 마음을 아프시게 하는 죄를 짓는 일 뿐이다. 참으로 이 세계라는 하나님의 과수원의 떫은 감도 이와 마찬가지 신세다. 그러나 “꽂감아, 까마귀도 싫다는건데 이리도 다니” 함과 같이, 넓은 감도 껍질을 벗겨 꼬챙이에 꿰어 햇볕에 말리우면 훌륭한 식물이 되는 것처럼, 사람도 그 양심을 회개라고 하는 날카로운 대꼬챙이에 꿰어서 더러운 말과 행실을 제해 버리고 하나님의 은혜 볕에 쪼이면 차차 변하여 참 좋은 행동의 사람이 된다. 죄악을 회개하는 것은 하나님의 은혜를 받는 첫째 수단이다.

독일의 비스마르크라는 재상은 중병이 들어 의사를 청해다가 진찰 받을 때에 의사가 여러 가지로 묻자 귀찮은 듯 도무지 대답하지 않으므로, 의사가 크게 노하여 말하기를 “그와 같이 병세를 말하기 싫으시면 나는 진찰하지 않고 갈 터이니 스스로 헤아려 하라” 하고 화가 나서 돌아가 버렸다 한다. 병 고침을 받으려면 병의 내용을 의사에게 말할 필요가 있는 것처럼 죄 사함을 받으려면 하나님 앞에 모든 죄를 자복함이 제일 요긴하다. “만일 우리가 범죄하지 아니하였다 하면 하나님을 거짓말하는 자로 만드는 것이니 또한 그의 말씀이 우리 속에 있지 아니하니라” 이 말씀은 성서의 말이다.

> “그 때 마침, 두어 사람이 와서 빌라도가 어떤 갈릴리 사람들의 피를 그들의 제물에 섞은 일로 예수께 아뢰니 대답하여 이르시되 너희는 이 갈릴리 사람들이 이같이 해 받으므로 다른 모든 갈릴리 사람보다 죄가 더 있는 줄 아느냐. 너희에게 이르노니 아니라 너희도 만일 회개하지 아니하면 다 이와 같이 망하리라. 또 실로암에서 망대가 무너져 치어 죽은 열여덟 사람이 예루살렘에 거한 다른 모든 사람보다 죄가 더 있는 줄 아느냐. 너희에게 이르노니 아니라 너희도 만일 회개하지 아니하면 다 이와 같이 망하리라. 이에 비유로 말씀하시되 한 사람이 포도원에 무화과나무를 심은 것이 있더니 와서 그 열매를 구하였으나 얻지 못한지라. 포도원지기에게 이르되 내가 삼 년을 와서 이 무화과나무에서 열매를 구하되 얻지 못하니 찍어버리라 어찌 땅만 버리게 하겠느냐. 대답하여 이르되 주인이여 금년에도 그대로 두소서 내가 두루 파고 거름을 주리니 이후에 만일 열매가 열면 좋거니와 그렇지 않으면 찍어버리소서 하였다 하시니라” (누가복음 13:1~9).

제 3 장

그리스도의 구원

1. 예수 그리스도는 하나님의 아들이시다

혼고 사다지로(本鄕定次郎)라는 사람은 고아원을 설립, 불쌍한 아이들을 맡아 기른 사람인데, 고아원을 시작할 무렵에는 체신성의 관리로 있었다. 그 때에 5, 6명의 고아를 시켜 성내로 다니면서 구두 닦는 일을 시켜 보았더니 저들은 놀기를 좋아하는 아이들인데다 성질도 게을러서 착실히 일하는 아이는 없고 종일토록 이리 저리 쏘다니다가 혹 한 푼, 두 푼이 생기면 즉시 군것질이나 하고 말아, 홍고 씨도 이에 대해 매우 염려 중이었다. 하룻 밤은 우연히 아이들의 잠꼬대 소리를 들으니 저희끼리 하는 말이 "너는 큰 다음에 무엇을 하려느냐? 아버지는 관리니까 좋지만 우리들은 구두나 닦으러 다니니까 재미없어. 우리도 큰 다음에 벼슬이나 하였으면" 이와 같이 말하는 아이가 있었다. 이 말을 들은 홍고 씨의 가슴 속에는 자못 형언할 수 없는 감동이 일어 마치 전기에 감전된 사람의 모양처럼 "아아, 내가 잘못이다, 나는 예복을 입고 평안하게 출근을 하면서 아이들에게 평복을 입혀 손에 솔을 들려 가지고 남의 구두를 닦으러 보내니 어찌 이것이 합당하냐? 어찌 이것이 고아들을 동정하는 양육법이라 하겠는가?" 하고는 그 다음날 아침에 즉시 사직청원서를 써서 자기가 근무하는 체신성에 제출한 후 부터는 자기도 평복을 입고 「단화는 5푼, 장화는 8푼」 이렇게 모자에다 크게 써 붙이고 아이들을 데리고 "구두 닦으시오, 구두 닦으시오" 하고 도오교 시내를 외치고 다니며 같이 동고동락함으로써 철 모르는 아이들까지도 홍고씨의 지성에 감동되어 일도 부지런히 하고 시키는 말도 잘 듣게 되어 그로부터는 지도하기가 매우 편리해졌다고 한다.

백치(白痴) 교육, 즉 정신이 완전치 못한 아이들의 지도자로 유명한 리차드 씨는 어느 날 우연히, 어떤 지혜 있는 모친이 자기 아들이 뜰에서 놀고 있는 모습을 다락에서 보다가 못 된 장난을 치는 것을 보고는 즉시 그 자리에서 큰 소리로 책망하지 아니하고 다락에서 가만히 뜰로 내려가 그 아이의 곁에 까지 가서 그 잘못을 은근히 타이르는 것을 보고 백치 교육의 비결을 깨달았다. 구세군의 부스 대장 부인은 12세 되던 때에 어떤 술주정꾼이 순경에게 끌려가는 모습을 구경하던 사람들이 욕하고 떠드는 것을 보고 불쌍한 생각이 들어 중심에 생각하기를 이와 같이 광활한 천지에 다만 한 사람이라도 이 사람에게 동정하는 자가 있다는 사실을 보여 주려고 생각하고, 순경이 그 사람의 왼편에 서서 가므로 그는 오른 편에 붙어 서서 경찰서까지 당돌하게 따라가 전송했었다고 한다. 교육의 대가 페스탈로치란 사람의 말이 "나는 걸인의 아이를 구원하기 위하여 나부터 걸인의 생활을 한다"고 하였다.

이와 같이 고아를 기르는 자는 고아와 같은 지위로 자기를 낮추고, 백치를 교육하는 자는 백치의 벗이 되며, 무뢰배들을 구원하려면 무뢰배와 함께 다니고, 걸인을 도와주려면 걸인을 상종할 필요가 있는 것 같이, 하나님의 아들 예수 그리스도께서 죄악에 물든 우리를 구원하시기 위하여 하늘의 보좌를 버리고 이 세상에 내려 오사 사람의 형상으로 나타나신 것도 오로지 이 도리에 따른 것이다.

그리스도라 하는 이는 하나님의 독생자이시지만 지금으로부터 1,900여 년 전에 사람의 형상을 입고 유대 나라에 나시어 나이 30세가 되시기까지 나사렛 목수 요셉의 집에서 자라는 동안에 사람이 걸터앉는 의자도 만드시고, 마루도 놓으시고, 매일 땀을 흘리시며 수고하시다가, 30세 되시던 해부터 세상 사회에 나오시어 병 든 자를 고치시고, 고생하는 자를 위로하시며, 특별히 하나님이 인간의 아버지가 되신다는 것과, 인간이 하나님의 자녀이지만 불행하게 방탕한 자식과 같이 하나님을 잃어버리고 죄악 세상을 방황하고 있는 자식이므로, 속히 회개하고 하나님께 돌아가야 된다는 이치를 자세히 가르치셨다. 이 후 33세 되는 때에 악한 자의 손에 잡히사 십자가에 못 박혀 목숨을 버리심으로 온 세상 죄인의 죄를 대신 담당하셨다. 성경에 말하기를 "의인을 위하여 죽는 자가 쉽지 않고 선인을 위하여 용감히 죽는 자가 혹 있거니와 우리가 아직 죄인 되었을 때에 그리스도께서 우리를 위하여 죽으심으로 하나님께서 우리에 대한 자기의 사랑을 확증하셨느니라" 하였으니, 하나님께서 우리를 구원하시려고 그 독생자를 이 세상에 보내신 이 한 가지 사실만 보더라도 그의 사랑이 얼마나 큰 가를 알 수 있다.

물론 독생자를 보내시기 이전에도 예로부터 여러 성현이 나서 천륜과 인륜의 대도(大道)를 상고도 하고 가르치기도 하였으나 어느 것이나 모두 불확실한 상상적인 말이 많은데, 예를 들면 남의 집 문 어구에 잠깐 서서 들여다보고 "저기 신발이 놓여 있고 인기척이 나니 이 집에는 분명히 사람이 사는가 보다. 청소를 잘한 것을 보니 이 집 주인은 청결을 좋아하는가 보다. 문패를 잘 써서 붙인 것을 보니 유식한 집인게로군" 함과 같이 천지 만물을 보면 그 지으신 이를 생각하고, 그 지으심과 지배하심의 완전 하심을 보면 하나님의 전지전능하심을 추측하여 알게 되므로, 도리상으로는 그럴듯하되 실제상으로 하나님께 몸을 의탁함에는 아직도 부족한 점이 없지 않다.

그러나 독생 성자 예수그리스도가 강생하신 이상에는, 이를 비유컨대 집 안에서 젊은 주인이 문을 열고 나와 문 밖에 서서 찾아 오는 사람들에게 주인의 성격과 사상과 사업을 비롯해 집안의 모든 사정을 말해 주는 것과 마찬가지로, 이제는 성현의 생각에서 나오는 추측만이 아니라 하나님의 가족에 의해서 직접으로 하나님을 공경하는 도리와 사람의 본분을 깨닫게 된 것이다. 그러므로 그리스도께서 세상에 계실 때에 어떤 사람이 하나님 뵈옵기를 원하는 자에 대해 말씀하시기를 나를 본 자는 하나님 아버지를 뵈온 것과 같으니 하나님과 나는 일체라고 대답하신 일이 있다. 또 어느 때는 많은 사람들에게 말씀하시기를 "그러므로 내 말을 듣고 행하는 자들은 마치 지혜 있는 사람이 집을 반석 위에 지은 것 같으리니 비가 내리고 창수가 나고 바람이 불어 그 집에 부딪치되 무너지지 아니하는 것은 반석 위에 세운 연고요, 내 말을 듣고 행치 아니하는 자들은 마치 어리석은 사람이 집을 모래 위에 지은 것과 같으니 비가 내리고 창수가 나고 바람이 불어 그 집에 부딪치매 무너지리니 그 무너짐이 심하니라" 하였다. 그러므로 하나님의 아들 예수 그리스도를 믿는 것은 인생 일대의 지극히 보배로운 일이요 견고한 생활의 기초가 된다.

> "너희 안에 이 마음을 품으라 곧 그리스도 예수의 마음이니 그는 근본 하나님의 본체시나 하나님과 동등 됨을 취할 것으로 여기지 아니하시고 오히려 자기를 비워 종의 형체를 가지사 사람들과 같이 되셨고 사람의 모양으로 나타나사 자기를 낮추시고 죽기까지 복종하셨으니 곧 십자가에 죽으심이라. 이러므로 하나님이 그를 지극히 높여 모든 이름 위에 뛰어난 이름을 주사 하늘에 있는 자들과 땅에 있는 자들과 땅 아래에 있는 자들로 모든 무릎

을 예수의 이름에 꿇게 하시고 모든 입으로 예수 그리스도를 주라 시인하여 하나님 아버지께 영광을 돌리게 하셨느니라" (빌립보서 2:5~11).

2. 그리스도는 만 백성의 구주시다

하나님의 아들 예수 그리스도께서 십자가에 못 박혀 죽으신 것은 우리 인간을 죄에서 구원하기 위함인데 이제 그 도리를 대강 설명하려고 한다. 사람은 다 죄를 회개하고 하나님께로 돌아와야 한다는 것은 전에 자세히 말씀함과 같다. 그러면 회개한 죄악은 어떻게 소멸되어 없어지는 것인가, 어떤 사람은 생각하기를 이제부터 후로는 착한 일만 하면 그것으로써 넉넉히 전에 지었던 죄가 자연히 사라지는 것으로 생각한다. 왜 세상 사람들이 이와 같이 오해들을 하는가 생각해 보자.

여기 한 사람이 월 말에 회계하여 갚으리라 생각하고 근처 상점에서 많은 물건을 외상으로 샀다고 하자. 그런데 그믐날에 가서 그 물건 값을 갚지 못할 경우에는 어떻게 하겠는가. 상점에 가서 말하기를 "다음 달 부터는 반드시 맞돈으로 물건을 사겠으니 아무쪼록 그 동안 외상으로 가져간 것은 탕감하여 주시오" 한다면 그 상점 주인이 "예, 그리하리다" 하고 쾌히 허락하겠는가. 이후에 물건 살 때에 맞돈으로 사는 것은 당연한 일이요, 지금까지 진 빚을 갚기 전에는 결코 상점 주인이 그 사람을 탕감해 주지 아니할 것이 명백한 일이다. 이와 같이, 우리가 이제 부터 착한 일을 한다고 할지라도 그것은 인간의 당연한 의무를 다하는 것뿐이요, 이것으로 말미암아 지금껏 지은 죄를 속량할 가치는 없는 것이다. 그러면 인간의 죄악은 어떻게 소멸할 수가 있을까?

상고시대 즉 옛날에는 그 사람의 죄의 크고 작음과 많고 적음에 따라 자기 재산의 얼마를 강변이나 바닷가로 가지고 가서 그것을 상 위에 진열한 후에 신에게 제사하고 죄를 그 제물에 지워서 물 가운데로 띄워 보내는 풍속이 있었는데, 그 죄의 다과에 따라 상을 네 개 차린 사람도 있고 여덟 개 차린 사람도 있었다. 스사노오 노미코토(素素鳴尊)와 같은 이는 부모를 거역하고 누이와 불화함으로 그 죄가 너무 크다고 하여 자기 소유 재산 전부를 산 위에 차려 놓았었는데 이는 자그마치 천상이나 되었다고 한다. 상을 천개나 벌여 놓았으니 가장 엄숙한 의식을 행하여 그 재물을 다 물 가운데 띄워 보낼 뿐 아니라 수염을 깎고 수족의 손톱 발톱을 뽑아 신께 죄를 고하였다는 말이 있다. 그 후라도 혹 어떤 자는 죄 속함을 받기 위하여 신당을 짓는 자와 가난한 사람을 구제하는 자들이 도처에 많이 있었다.

유대 나라는 하나님을 공경하는 본 집이라 할 수 있는데 비유컨대 농부가 못자리에서 모를 다른 논으로 이종함과 같다. 하나님은 이 나라를 시초로 해 천하만국에 자기를 높이는 도리를 전파케 했는데, 이 나라에서도 전에는 소와 양을 잡아서 하나님께 제사를 드렸으며, 그 제물에게 죄를 씌워서 하나님의 용서하심을 받고자 하는 예식이 예로부터 행해졌던 것이다. 그러나 "완전한 것이 올 때는 완전치 못한 것이 폐하리라" 함과 같이 이러한 예식은 하나님의 아들 예수 그리스도의 구원의 도가 전파됨과 동시에 차차 없어져 갔던 것이다. 전에도 말한 바와 같이 예수를 십자가에 못 박아 죽인 자가 누구냐 하면 그 당시의 악인들과 옳지 못한 도덕가의 무리였다. 그러나 하나님의 아들이신 예수께서 이 잔을 피하거나 벗어나려고 하지도 아니하셨을 뿐더러 도리어 이 참혹한 고난을 달게 받으신 까닭은 이로 말미암아 온전한 만백성의 죄악을 친히 담당하실 생각이 계셨던 까닭이다. 그리스도께서는 이와 같이 하여 그 거룩하시고 귀하신 몸을 십자가 위의 제물로 내 주사 모든 사람의 죄악을 친히 담당하셨다. 그러므로 사람은 누구든지 죄를 회개하고 그리스도의 대속하신 공로를 믿으면 어떠한 대 죄인이라도 즉시 하나님의 사하심을 받아 즐겁고 깨끗한 사람이 될 수 있다. 성경에 기록하였으되 "하나님이 세상을 이처럼 사랑하사 독생자를 주셨으니 이는 저를 믿는 자마다 멸망치 않고 영생을 얻게 하려 하심이니라" 하였고, 또 말씀하시기를 "너희가 알거니와 너희 조상의 유전한 망녕된 행실에서 구속 된 것은 은이나 금같이 없어질 것으로 한 것이 아니라 오직 흠 없고 점 없는 어린 양같은 그리스도의 보배로운 피로 한 것이니라" 하심은 이것을 가리킨 말이다. 할렐루야!

옛날 사쿠라 소고로우(佐倉宗五郎)라는 사람은 사쿠라 땅에 있는 백 스물 아홉 동네 백성들을 사구라 대관의 압제 아래서 구원하기 위하여 십자가에 달려 죽었으나, 하나님의 아들 예수께서는 천하 만민을 죄의 멸망에서 구원하기 위하여 친히 십자가에 달려 돌아가신 것이다. 그러므로 사구라쇼오고로오의 뜻을 감사히 여기는 사람일진대, 불가불 예수 그리스도의 사랑에 감동하여 믿지 아니할 수가 없으리라.

프랑스의 나폴레옹 대제가 외국과 전쟁을 하고 있을 무렵 어떤 청년은 자기가 전장에 나가지 못할 형편이므로, 그 당시 국법에 의하여 다른 청년 한 사람을 돈을 주고 사서 자기 대신 출전케 하고 자기는 가사 일을 보고 있은지 얼마 안 되어서 자기 대신으로 전장에 나간 청년이 싸우다가 죽었다는 소식을 들었다. 그런데 이로 부터 1, 2년이 지나 나폴레옹이 다시 국내의 칭년 가운데서 군사를 모집할 때에 한 관원이 이 청년의 집에 가서 출전을 요구했으나 청년이 거절을 하며 말하기를 "아니오. 나는 1, 2년 전에 이미 내 대신 다른 사람을 보냈고 그 청년은 전사하였으므로 실상은 내가 전사한 것이나 마찬가지오. 그런데 또 한번 출전하라 하는 것은 이치에 합당치 아니하오" 하니 그 관원의 대답이 "그렇더라도 그대는 아직 살아 있으니까 불가불 출전하여야 된다"고 주장하매, 이 일로 피차 변론해도 끝이 나지 아니하여 마침내 이 사건이 황제의 귀에까지 들어가게 되었으며, 나폴레옹 황제는 그 청년의 말을 옳게 여겨 병역의무를 면제 받았다고 한다.

하나님의 아들 예수는 우리의 죄를 친히 그 몸에 담당하사 십자가 위에서 죽으셨다. 그러므로 믿는 자는 그 대속하신 공로로 말미암아 죄 사함을 받아 지금까지 전혀 죄를 짓지 아니한 자와 같이 하나님의 특별한 사랑을 받을 수 있다. 따라서 모든 근심과 두려움은 다 없어지고 어느 때에 갑자기 하나님 앞에 나아갈지라도 거리낌이 없는 하나님의 자녀 중에 한 사람이 될 수 있다. 할렐루야! 우리 주 그리스도의 은혜가 망극하도다.

> "이제는 율법 외에 하나님의 한 의가 나타났으니 율법과 선지자들에게 증거를 받은 것이라. 곧 예수 그리스도를 믿음으로 말미암아 모든 믿는 자에게 미치는 하나님의 의니 차별이 없느니라. 모든 사람이 죄를 범하였으매 하나님의 영광에 이르지 못하더니 그리스도 예수 안에 있는 속량으로 말미암아 하나님의 은혜로 값 없이 의롭다 하심을 얻은 자 되었느니라. 이 예수를 하나님이 그의 피로써 믿음으로 말미암는 화목제물로 세우셨으니 이는 하나님께서 길이 참으시는 중에 전에 지은 죄를 간과하심으로 자기의 의로우심을 나타내려 하심이니 곧 이 때에 자기의 의로우심을 나타내사 자기도 의로우시며 또한 예수 믿는 자를 의롭다 하려 하심이라. 그런즉 자랑할 데가 어디냐 있을 수가 없느니라 무슨 법으로냐 행위로냐 아니라 오직 믿음의 법으로니라. 그러므로 사람이 의롭다 하심을 얻는 것은 율법의 행위에 있지 않고 믿음으

로 되는 줄 우리가 인정하노라. 하나님은 다만 유대인의 하나님이시냐 또한 이방인의 하나님은 아니시냐 진실로 이방인의 하나님도 되시느니라. 할례자도 믿음으로 말미암아 또한 무할례자도 믿음으로 말미암아 의롭다 하실 하나님은 한 분이시니라" (로마서 3:21~30).

3. 보라, 지금은 구원의 날이로다

예수께서 처음 하신 설교가 "회개하고 복음을 믿으라" 이었으며, 사도 바울이 소아시아에서 전한 종교 또한 "하나님께 대해는 회개하고 예수그리스도께 대해는 믿으라" 함이었다. 이와 같이 첫째로는 자기의 죄를 회개할 것과, 둘째로는 예수그리스도를 믿는 이 두 가지 일은 참으로 하나님을 믿는 시작이요. 또한 죄 사함을 받는 길인데, 말하자면 수레의 두 바퀴와 새의 두 날개와 같아서 둘 중에 하나라도 없어선 안될 요긴한 조건이다. 사람이 회개와 믿음으로써 하나님께로 돌아갈 때에 하나님은 즉시 그 사람의 죄를 사하시고 그 영혼을 구원하신다.

삭개오는 불의의 재물로 부자가 된 사람이었는데 그 죄악을 한 번 깊이 회개하고 지금까지 뒤 것을 토색하여 가진 것은 다 네 배로 갚기를 결심하고 예수에게 고백하므로, 예수께서 그 뜻을 크게 아름답게 여기사 말씀하시기를 "오늘날 구원이 이 집에 이르렀다"고 말씀하셨다. 또 예수와 함께 십자가에 달린 강도 중에 한 사람은 그 수족에 못을 박혀 운명이 경각에 달렸을 때에도 자기의 지은 죄를 회개하고 십자가에 달려 있는 예수를 향하여 말하기를 "주여, 내 영혼을 구원하여 주소서!" 하니 예수께서 대답하시기를 "오늘 네가 나와 함께 낙원에 있으리라"고 말씀하신 일이 있다. "보라 지금은 은혜 받을 만한 때요, 보라 지금은 후원의 날이로다." 오늘이라 하는 이 날에 그 죄악을 회개하고 예수를 믿기만 하면 그 자리에서 즉시 죄에서 구원함을 받는 것이다.

이 글을 읽으시는 여러분, 만일 여러분 가운데 아직 예수의 구원을 받지 아니한 사람이 있거든 이 한편을 다 읽으신 후에 즉시 책을 덮고 그 자리에서 잠깐 무릎을 꿇고 하나님께 기도하시라. 기도하는 것을 어렵게 생각할 것은 없다. 그저 어린 아이가 부모에게 말하는 것같이 겸손한 마음으로 사실 대로 이렇게 기도하면 된다.

"하나님 아버지시여, 나는 당신 앞에 큰 죄인입니다. 그러나 죄를 회개하고 예수를 믿는 자는 구원하여 주신다는 당신의 말씀을 듣고, 지금 저는 죄를 회개하면서 예수께서 지금 나를 구원하여 주실 줄을 믿습니다. 지금 저를 죄에서 구원하시어 새 사람이 되게 하여 주시옵소서. 아멘"

이것이면 넉넉하다.

당신이 진심으로 하나님께 이 정도 기도를 드리면 하나님께서는 즉시 당신의 죄를 사하여 주신다. 한 번이라도 진심으로 하나님께 빌면 족하다. 그러므로 어느 때까지나 무한정으로 회개하는 일만 되풀이할 필요는 없다. 또한 감정이 어떠하든지 상관할 것이 없이 참 마음으로 하나님을 의지하고 이제 부터는 만사를 오직 하나님의 뜻대로 하기로 작정하기 바란다. 그렇게 되면 하나님은 당신을 도와주실 것이요, 당신은 이미 구원함을 받아 하나님의 자녀의 한 사람이 된 것이다. 할렐루야! 그런 후에는 이 구원을 잘 간직하여 끝까지 견디어 나가기 바란다. 성경을 읽어 하나님의 뜻을 찾아내고 기도로써 매사를 하나님과 의논하여 행하시되 하나님과 둘이서 동행하며 세상을 살아가기 바란다. 그 후에 한 달 쯤 지나서 지난 일을 돌아 볼 것 같으면 당신이 믿기 시작하기 전과 후는 그 사상이나 행위가 크게 변화된 것을 분명히 알게 될 것이다.

미국 록키산맥의 두 개의 높은 봉우리에는 작은 못이 각각 있어, 그 거리가 그다지 멀지 않고 높이도 거의 같아서 만일 한 쪽 못 물을 다른 쪽 못으로 옮기는 일이 이 산의 정상에서는 쉽게 할 수 있는 일이지만 그 물이 멀리 흘러가서 바다로 들어가는 곳은 엉뚱하게 달라진다. 하나는 동쪽으로 흘러서 미시시피라고 하는 큰 강으로 들어가 멕시코 만으로 흘러 들어가고, 또 다른 못의 물은 서쪽으로 흘러서 콜롬비아라는 강으로 흘러 들어가 태평양으로 합류한다. 두 물이 처음에 갈라진 거리는 불과 지척지간이었지만 그 종말은 3,000여 미터나 되는 높은 산을 가운데 두고

1,250여 km 이상 거리로 벌어진다. 마치 사람의 일평생도 이와 같이 처음에 회개하고 예수를 믿을 만한 좋은 기회가 있을 때에 믿기를 결심하여 실행하고 혹은 아니함으로써 그 사람의 영혼의 구원과 타락, 생과 사, 천국과 지옥, 승리와 실패가 다 결정되는 것이다.

어떤 사람이 운명할 때 크게 탄식하며 하는 말이 "내가 젊을 때에 예수를 믿을 만한 좋은 기회가 있었으나, 마귀의 유혹하는 말을 듣고 중년에 믿기로 예정 하였다가 중년에 가서는 또 노년에 가서 믿기로 미루어 나오면서 오늘날까지 믿지 아니해 한 평생을 그르치고, 필경은 내게는 하나님도 없고 소망도 없이 죽어 지옥 멸망에 빠지게 되었다" 하며 크게 슬퍼하는 가운데 세상을 떠났다고 한다.

공자의 말씀에 "의를 보고 행치 아니하는 자는 용맹이 없다" 하였고, 사이고 다카모리(西郷隆盛)는 말하기를 "유예미결(猶豫未決 | 망설여 견디지 못함)은 지성이 부족한 증거라" 하였다. 나는 이 글을 읽으시는 여러분이 한 사람도 빠짐없이 이 구원의 은혜를 받으시기를 바란다. 어떤 이를 막론하고 이제 이야기한 사람처럼 후회막급으로, 비통의 눈물 속에 참혹한 지경에서 세상을 떠나는 이가 한 분도 없기를 간절히 바란다.

> "모세가 이르되 각 사람이 자기의 아들과 자기의 형제를 쳤으니 오늘 여호와께 헌신하게 되었느니라 그가 오늘 너희에게 복을 내리시리라" (출애굽기 32:29).

"오직 오늘이라 일컫는 동안에 매일 피차 권면하여 너희 중에 누구든지 죄의 유혹으로 완고하게 되지 않도록 하라. 우리가 시작할 때에 확신한 것을 끝까지 견고히 잡고 있으면 그리스도와 함께 참여한 자가 되리라. 성경에 일렀으되 오늘 너희가 그의 음성을 듣거든 격노하시게 하던 것 같이 너희 마음을 완고하게 하지 말라 하였으니 듣고 격노하시게 하던 자가 누구냐 모세를 따라 애굽에서 나온 모든 사람이 아니냐. 또 하나님이 사십 년 동안 누구에게 노하셨느냐 그들의 시체가 광야에 엎드러진 범죄한 자들에게가 아니냐. 또 하나님이 누구에게 맹세하사 그의 안식에 들어오지 못하리라 하셨느냐 곧 순종하지 아니하던 자들에게가 아니냐. 이로 보건대 그들이 믿지 아니하므로 능히 들어가지 못한 것이라" (히브리서 3:13~19).

4. 성령으로 난 것은 영이니라

회개하고 주를 믿는 자에게 하나님께서 처음에 주시는 은혜는 죄를 사하여 주심이요, 그 다음에 주시는 은혜는 영혼이 거듭 나는 것이다. 어느 날, 인도의 구세군인 한 사람이 프랑스에 가서 그 나라 구세군과 함께 거리를 행군하고 있을 때 경찰이 수상한 사람으로 여겨 마음속으로 생각하기를 이놈은 분명히 프랑스인인데 일부러 변장을 하고 다니는 자로 생각하고 경찰서로 연행해 가서 비누와 물을 주어 세수를 시켰으나 비누로 아무리 얼굴을 문질러도 그 검은 빛깔이 지워지지 아니하므로 마침내 진짜 인도인으로 인정받아 사과하고 풀어 보낸 일이 있었다. 성경에 "구스 사람이 어찌 그 살 빛을 변할 수 있으며, 표범이 어찌 얼룩얼룩한 점을 변하겠느냐? 만일 이런 것을 능히 할 것 같으면 악에 습관 된 너희들도 선을 행할 수 있으리라" 한 데가 있다. 인간의 죄악은 이처럼 인도 사람이나 흑인의 피부 빛깔이 검은 것과 호피가 아롱진 것처럼 그 영혼의 부속물이거나 거의 나면서 타고 난 성질이므로 아무리 할지라도 사람의 힘으로는 바꾸기가 어렵다.

전에 어느 신문 가십난에 이러한 것이 보도되었다. 어느 공무원이 술이 사람에게 해가 된다는 것을 깨닫고 완전히 끊기로 결심하고 친구와 함께 주불가음(酒不可飮)이라는 술 먹기 싫게 되는 약을 사려고 그 근방에 있는 약국 문 앞까지 갔으나, 쑥스러운 생각이 들어 문 안에 들어서지 못하고 서로 미루고 들어가기를 꺼리며 "자네 들어 가소" "자네가 좀 사다 주소 그려"하며 서로 사양을 하다가 필경엔 귀찮아서 "차라리 술집으로나 가세"하고 즉시 그 길로 술집에 갔었다고 한다.

어느 행낭 살이 하는 부인이 하는 말이 우리 그 이 아버지는 늘 그래요, 요사이에는 술 좀 덜 먹더니 그 대신 극장에만 다니는 구려 하였다는 이야기가 있다. 서양의 어느 지방에서는 얼마 동안 주류 판매를 금지시킨 일이 있었는데 이때에 주객들은 견디지 못하여 시간만 나면 기차나 배를 타고 다른 지방으로 술 사 마시러 간다. 전에는 일을 다 하고 잠자리에서 한 홉 두 홉 술을 마시던 자가 이제는 백주에 술 마시러 가게 되고 그 뿐 아니라 모처럼 머나 먼 곳에 술 마시러 간 터라 너나없이 과도히 먹게 되어 위생상으로나, 경제상으로나, 직업에나, 가정에까지 여러 가지로 불행한 일이 너무 자주 생겨났다는 이야기를 들었다. 이른바 "개가 그 토한 것을 다시 먹는 것 같이 미련한 자는 그 미련한 것을 거듭 행하는도다" 하였고, 또한 "육체의 소욕은 성령을 거스리고 성령의 소욕은 육체를 거스리나니 이 둘이 서로 대적함으로 너희의 원하는 것을 하지 못하게 하려 함이니라" 한 것은 이를 가리킴이다.

그런데 하나님께서는 인간의 영혼을 거듭 나게 하신다. 회개하고 예수를 믿는 자는 다만 죄 사함만 받을 뿐 아니라, 그 사람의 영혼을 성령으로 거듭 나게 하신다. 더 자세히 말하면 예수의 보혈은 우리의 죄를 대속하고 성령의 능력으로는 우리의 영혼을 거듭 나게 하신다. 그러므로 우리들은 이 두 가지 은혜를 받음으로 비로소 참으로 죄와 악에서 구원함을 받게 되는 것이다. 거듭 난 사람은 죄악을 미워하고 의를 사모한다. 이제부터는 마귀를 신봉하는 자가 아니요 하나님을 섬기는 자이며, 자기의 욕심만 위하여 사는 자가 아니요 거룩한 일을 행하는 자이다. 전에는 아무것도 아니하고 조용히 있을 때면 스스로 악한 일을 생각하고 악한 일만 행하던 자가 이제부터는 자연히 좋은 일을 생각하고 착한 일만 행하도록 그 마음이 완전히 변하게 된다. 이와 같은 것은 하나님의 신이 사람의 마음속에서 일하시는 큰 이적이다.

비스마르크는 소년시절에 "비스마르크는 시비하기와 결투를 잘하는 무뢰한이라"고 신문에 보도된 것을 보고 분한 생각에 그 신문지를 오려 가지고 그 신문사를 찾아 가서 그 기자를 만나 여러 가지로 경위를 따진 후에 필경에는 손에 들고 갔던 신문지 조각을 기자의 입에다 집어넣고는 집에 돌아온 일까지 있었던 맹랑한 자였다. 그런 그가 예수를 믿은 후 부터는 아주 딴 사람이 되어 평화를 사랑하며, 그 나라를 사랑하며, 평생 동안 매우 훌륭한 업적을 많이 남겼다. 또 미유라라는 사람은 어렸을 적에 도둑질한 죄로 감옥에 까지 들어갔던 사람인데 이 사람 역시 예수를 믿음으로 말미암아 거듭 나서 세상에서 드문 선인이 되었을 뿐 아니라, 특별히 고아를 위하여 일함으로써 평생 동안에 1만여 명의 고아를 구제하였다고 한다.

니이지마 죠(新島襄)씨는 공명심이 대단한 일개 서생으로서, 처음에 미국으로 건너 갈 때에는 "대장부가 뜻을 세운 이상에는 금의(錦衣)를 입지 않고 어찌 돌아올소냐?"이렇게 생각하고 고향을 떠났던 사람이었지만, 미국에서 10년 동안 공부를 마치고 일본으로 돌아올 때에는 "고향을 빛내 줄 금의는 농 속에, 이때는 입을 때가 아니로다" 하고 교토로 내려가서 남에게 미혹과 핍박을 받는 중에 기독교를 전파하며 또한 믿는 청년들을 교육하기에 진력하였다. 수년 전에 세상을 떠난 와타나베 카에키치(渡邊龜吉)란 사람은 15세 때에 소매치기를 하여 감옥에 들어간 것을 비롯해 전후 일곱 번이나 드나들었고 19세 때는 10년 징역의 언도까지 받은 사람이다. 그러나 예수를 믿어 거듭 남으로 완전히 새 사람이 되었고, 그 후로 일하기 위하여 눈 하나가 상하도록 까지 공부하여 판무식(배움이나 아는 것이 아주 없음)이던 사람이 오래지 아니하여 일본외사 책 정도까지 넉넉히 보게 되어 최후의 14,5년 동안을 교도소 전도와 고아 양육에 정성을 바친 사람이다.

옛날 어느 전도사가 삼마 힐즈라는 사람에게 "당신의 출생지가 어디입니까?"하고 물으니 대답하기를 "리버풀과 더블린이오" 하니, "그러나 출생지가 두 곳이 될 수 있습니까?" 하고 되묻자 "당신은 남에게 전도하시는 양반이 그만한 이치도 모르십니까?" 리버풀은 육신의 출생지요, 더블린은 영혼의 출생지라 하는 것이었다. "육으로 난 것은 육이요, 성령으로 난 것은 영이니라" 여러분이시여, 당신들은 이제 하나님의 도우심으로 말미암아 여러분의 영혼이 거듭 남을 받아야 하겠다.

> "그런데 바리새인 중에 니고데모라 하는 사람이 있으니 유대인의 지도자라. 그가 밤에 예수께 와서 이르되 랍비여 우리가 당신은 하나님께로부터 오신 선생인 줄 아나이다 하나님이 함께 하시지 아니하시면 당신이 행하시는 이 표적을 아무도 할 수 없음이

니이다. 예수께서 대답하여 이르시되 진실로 진실로 네게 이르노니 사람이 거듭나지 아니하면 하나님의 나라를 볼 수 없느니라. 니고데모가 이르되 사람이 늙으면 어떻게 날 수 있사옵나이까 두 번째 모태에 들어갔다가 날 수 있사옵나이까. 예수께서 대답하시되 진실로 진실로 네게 이르노니 사람이 물과 성령으로 나지 아니하면 하나님의 나라에 들어갈 수 없느니라. 육으로 난 것은 육이요 영으로 난 것은 영이니 내가 네게 거듭나야 하겠다 하는 말을 놀랍게 여기지 말라. 바람이 임의로 불매 네가 그 소리는 들어도 어디서 와서 어디로 가는지 알지 못하나니 성령으로 난 사람도 다 그러하니라" (요한복음 3:1~8).

5. 그리스도교는 승리의 종교다

예수를 믿는 한 중국인이 비유로서 「구원의 은혜」를 설명하였다. "저는 뜬 세상 나그네 길을 방황하다가 뜻 밖에 죄악과 고뇌의 깊은 우물에 빠져 고민과 고통 가운데 잠겨 있던 자이다. 우물쭈물 하다가는 죽어 버릴 우려가 있으므로 큰소리로 '사람 살려, 사람 살려' 하고 목이 터지도록 부르짖고 있자니 마침 지나가는 이는 석가여래시라. 위에서 잠깐 들여다 보더니 '아아 저게 웬 일이야? 참으로 안 되었구나 불쌍한 일이로군, 저 일을 어쩌나 그러나 도리가 없다. 전생의 인과로서 그렇게 된 것이니 별 도리가 없다. 그 도리를 잘 생각하여 체념하고 죽는 수밖에 없다' 하고 그저

지나가 버리는지라. 이를 어찌할꼬 하고 다시 큰 소리로 '사람 살리시오' 부르짖고 있으려니, 이번에 오신 이는 공자님이었다. 우물 속을 들여다보더니 하는 말씀이 '허허, 사람이란 자칫하면 언제든지 그런 데에 빠지는 법이다. 그러므로 그대도 이 일을 거울삼아 후일을 경계하여 한 번 빠진 우물에 다시 빠지지 않도록 조심하라'는 교훈을 남기고 떠나갔다. 이 때에 달려오신 이가 바로 우리 주 예수 그리스도이셨다. 그는 즉시 긴 사다리를 내려놓으신 후에 친히 물속으로 내려 오셔서, 지칠 대로 지쳐 있는 나를 일으켜서는 뒤에서 밀기도 하고, 앞에서 끌기도 하여 결국에는 우물 밖으로 나를 끌어내어 상처를 싸 매 주시며, 약을 먹이고 정성을 다해 돌보시어 내 몸이 강건해진 다음에는 이제까지 잘못 된 나의 언행을 고쳐 주시고 앞으로 더욱 주의할 점을 가르쳐 주사 새로이 복 된 천국에의 길을 향해 걷게 한 것이다."

이와 같이 하나님의 독생자 예수는 하늘에서 강림하사 사람의 형상을 입으셨다. 그는 많은 고생을 겪으신 후 마침내는 십자가에 달리사 우리의 죄를 대속하시고 또 그 성령으로 하여금 나를 구속하게 하신 참 구세주이시다. 할렐루야! 그리스도로 말미암아 죄악에서 구원함을 받고 거듭난 첫째 결과는 하나님과 화목하여 하나님의 아들딸이 되는 것이다. "한량이 없는 쾌락은 부모와 자식 사이에 늘 기쁜 얼굴로 대하는 것이라." 그 후 부터는 기쁜 일이 있으면 하나님께 감사하고, 걱정이 있으면 하나님과 의논하며 모든 만사를 하나님과 함께 행동을 하게 된다.

옛날에 프랑스의 테레사라고 하는 독실한 신앙가는 1 프랑을 자본으로 삼아 고아원을 설립하였는데, 그가 말하기를 "테레사와 돈 1 프랑은 아주 없는 것이나 마찬가지지만, 하나님과 데레사와 돈 1 프랑은 천지만물을 자유케 할 수가 있다"고 했다. 이와 같이 우리는 약하고 부족할지라도 구원함을 받아 하나님을 아버지로 부르고, 그 하나님 아버지로 더불어 매사를 행하게 되면 그 때부터는 세상에 무서울 것이 하나도 없다. 죄악이나 정욕이 나를 모두 발밑에 밟아 없애고 용기 있게 우리에게 맡겨진 직분을 완수할 수가 있게 된다.

이제 이 사실을 증거하기 위해 구세군의 어떤 영문에서 실시했던 〈악마의 장례식〉이라는 것에 관한 보고를 들어보기로 한다.

악마를 장사한 이야기

그리스도교를 승리의 종교라 함은 다름이 아니고 악마와 세속과 육정을 쳐서 이기며, 환난이나 핍박이나 기근이나 벌거벗음이나 결박이나 위험이나 칼날에도 넉넉히 이기고도 남음이 있는 힘을 가진 종교임을 말한다. 찬송하리로다 하나님을……

지난 1월 15일 밤, 도쿄의 제4영문(神田小隊)에서는 『악마의 장례식』이라는 특별한 집회를 가졌다. 이것은 우리들 곧 하나님의 군대에 속한 군병들이 밤을 낮 삼아서 접전하는 가운데 악마의 나라에서 빼앗은 전리품들을 한 곳에 모아 놓고 장례식을 치룬 것이다. 그 첫 번째 전리품은 담배와 담배파이프였다. 과거에 하나님을 모르고 악마를 좇을 때에는 이 물건들은 우리 몸에서 잠깐도 떨어져 있을 수 없는 보물(?)이었으나, 이제는 예수님의 도우심으로 말미암아 이렇듯이 부정하고 해롭고 불경제적인 것이라는 사실을 깨닫고 이것들을 모조리 끊어 버린 형제들의 소원에 따라 이것을 장례 지내게 된 것이다. 이때 회중 가운데서도 이와 같은 결심을 한 사람이 없는가 물으니, 한 소년이 자기 품속에서 아주 튼튼해 보이는 황동으로 된 담배파이프 하나를 꺼내 들고 함께 장사해 줄 것을 요청해 왔다. 할렐루야! 하나님께서 이 소년을 보호하사 평생 동안 이 뜻을 관철시켜 주실 것을 빈다.

그 두 번째 전리품은 화투였는데 5, 6년 전에 어떤 사람이 『도박망국론』이란 책자를 펴 낸 일도 있지만, 아무 데도 유익이 없는 이 놀음에 정신이 빠져 금쪽같은 시간을 낭비할 뿐 아니라, 더구나 어떤 사람들처럼 돈을 걸고 이 짓을 하게 되면 그 폐단은 혹심한 것이다. 세 번째 전리품은 잡가책이니, 광대와 여 광대가 목청을 빼서 부르는 감상적인 오래인 까닭에 유망한 청춘 남녀들이 잘못 된 길로 나가는 것은 실로 한심스러운 일이다. 우리는 이 같이 악마에게 속한 놀이를 중단한 형제들의 결심을 칭찬하며 이런 좋은 생각을 하게 하신 하나님을 찬송하였다.

네 번째 전리품은 술집의 판매장부와 술잔이었다. 술집의 장부는 19장이었고 그 합계 금액은 53원 41전 5리나 되었는데, 이것은 한 사람의 청년이 작년 봄 부터 가을까지에 마신 술값으로, 가을 이후는 회개하고 그리스도에게로 돌아왔으므로 이 같은 장부가 없어진 것이다. 우리 주 그리스도는 실로 우리 인간을 주벽으로 부터 구해 내시는 분이시다. 다섯 번째 전리품은 요시와라(吉原) 기생으로 부터 온 편지 36통과 그 기생과 관련 있는 옷과 띠 등이었다. 이것도 예수를 믿게 됨으로써 그러한 외도 길에서 구원 받은 사람의 기념물이다. 또 한 가지 전리품은 부적(符籍)이었다. "해산하지 못하는 여인이 인형을 안음이 가증하도다." 자식이 없는 여인이 적적하므로 손으로 만든 인형을 가지고 희롱하는 것처럼, 살아 계신 참 신 하나님을 알지 못하는 사람은 마음의 고독감 때문에 불상이나 미륵을 비롯해 여러 가지 사신우상을 섬기지만 그러나 우리는 예수로 말미암아 조물주가 되시고 유일무이 하신 참 신 하나님을 공경하는 자이다.

그리하여 위와 같은 여섯 가지의 전리품들을 귤 상자에 모두 집어넣었을 때 어느 부교(副校)가 일어서서 하는 말이 자기는 이제까지의 저 악마와 함께 해 온 지난날의 의식적 신앙을 장사해 버리고 앞으로는 성령의 인도하심을 따라 새로운 신앙생활을 하겠다는 간증을 했다. 이 밤엔 코이카와(小石川)의 맹아학교에 있는 자유 중국의 맹아소년인 궈듀언(郭主恩)씨도 참석하여 독창을 해 주었는데 첫 절은 일본어로, 둘째 절은 중국어로, 셋째 절은 영어로 부르는 등 아주 재미있는 집회였다. 할렐루야, 하나님은 살아 계신다. 예수 그리스도는 악마의 역사를 멸절하시기 위해서 세상에 오신 구주이시다. (「도키노 고에」:일본구세공보 – 제 77호)

다시 악마를 장사함

다시 악마를 장사한다는 것은 이전에 장사 지낸 악마가 다시 살아난 때문이 아니라 새로이 또 다른 악마를 사로잡았으므로 이를 인도 받아 하는 것이다.

5월 14일 밤, 구세군 사령관의 출진으로 도오교의 제 4영문에서 새로 병사 4명을 받아들이는 입대식을 마친 후 우리들은 제2회 악마의 장례식을 거행한 것이다. 이때 장사지낸 악마의 첫번 째 전리품은 오타케(御嶽)씨의 부적과 가와사키 대사(川崎大師)의 토사(土砂)와 쌀알 등이었다. "우상에게 절하지 말라" 한 것은 하나님의 계명이다. 천지만물을 창조하신 은혜의 하나님을 저버리고 나무로 깎아 만든 불상이나, 쇠로 부어 만든 우상이나, 종이조각, 토사(土砂) 등을 섬기니 이러한 불경스러운 일이 어디 있겠는가? 그리고 우상을 섬기는 일과 부도덕과는 대개 연관성을 가지고 있다. 그 때문에 나리타(成田)에 있는 우상 전각(殿閣)의 수종(隨從)은 요시하라(吉原)라. 청루에서 만나보고 못된 곳에 다니는 선물로는 대부분 매독(梅毒)과 같은 성병이 아닌가. 우리들은 미신을 박멸해야만 되겠다. 또 우상을 이 세상에서 멸절시켜야 되겠다.

두 번째로는 낡은 담배함과 가운데가 꺾여진 세 개의 담뱃대였다. 이것은 70여 세 된 할머니가 구원을 받아 예수를 믿게 됨과 동시에 자진해서 금연을 단행하고 그 기념으로 바친 것이었다.

세 번째는 훌륭한 담배 파이프로서 이것은 1원 20전이나 주고 샀던 것으로, 지난 날 우리들이 극기주간(克己週間)을 지키고 있을 때에 어떤 믿는 형제가 담배를 끊기로 결심을 하고 가져 온 것인데 그는 그와 함께 책장에 고이 간직해 두었던 소설책들을 팔아 그 돈을 구세군에 헌금했던 것이다. 네 번째는 멋있는 담배함 담뱃대, 금속 장식이 붙은 담배함 등이었다. 이것도 새로이 구세군의 병사가 된 한 젊은 상인이 회개의 표시로 장례식을 의뢰해 온 것이다. 다섯 번 째로 장사한 것은 소년 집회에 참석했던 한 소년이 지금까지 장난삼아 모아 두었던 담배 카드 수 십매였다. "사람은 그 만나는 바 사물의 일부분이다." 기생이나 창녀의 자태를 보고 즐거워하는 사람은 마침내 기생이나 창녀에게 사로잡히는 결과가 된다.

우리들은 스스로 마음의 결단을 내리고 이 카드를 악마의 장례식에 합장해 달라는 부탁을 해 온 이 소년에게 하나님께서 은혜를 입혀 주실 것을 믿는다. 여섯 번째는 술 병 한 개와 술 잔 여섯 개였는데 이것은 30여 년 동안을 술로 인해 고생하다가 지금 예수를 믿음으로 술을 끊은 한 병사가 가져 온 것으로서 그는 가장 힘 있는 체험담을 말하고 훌륭하게 이 장례식을 마쳤다. 참 신이신 하나님은 살아 계신다. 구세군은 그리스도를 힘입어 어떠한 악마라도 타도할 수 있는 군대이다. 악마에게 괴롬을 당하는 사람은 누구든지 오시라! 모든 영광은 하나님의 것이다. 예수 그리스도 만만세. (「도끼노 고에」 제85호)

"예수 그리스도는 어제도 오늘도 영원토록 동일하시니라" 하심과 같이, 옛날에 인간의 형상을 입으시고 이 세상에 오셨을 때에 병 든 자를 고치시고 죽은 사람을 살리시며 인간으로서는 불가능한 기사와 이적을 행하신 예수께서 오늘날에도 여러 가지 이적과 기사를 우리 인간들 사이에서 나타내는 것이니, 악인이 변하여 선인이 되며, 방탕한 사람을 새 인간으로 탄생시키시며, 대주객으로 하여금 술을 미워하는 사람이 되게 하시며, 게으른 자로 하여금 부지런한 자가 되게 하시고, 거짓말하던 자가 변하여 진실한 자가 되게 하시며, 불량한 자가 변하여 온유한 자가 되게 하시며, 근심 걱정에 파묻힌 사람을 기쁨과 평화가 가득 찬 사람으로 만들어 주신다. 예수 그리스도의 종교는 승리의 종교이다. 그러므로 행복, 또한 원만한 종교이다. 여러분, 모두 오셔서 예수의 놀랄 만한 이 인류 구원의 대업을 친히 보시고 이 크신 하나님의 은혜를 받으시라. 감리교의 창시자인 요한 웨슬리 선생은 임종 시에 말씀하시기를 "가장 행복스러운 것은 하나님이 우리와 함께 계심이라"고 했는데, 이 말의 뜻은 참으로 예수를 믿는 자들이 한결같이 늘 경험하고 있는 진리이다.

> "예수께서 그리스도이심을 믿는 자마다 하나님께로부터 난 자니 또한 낳으신 이를 사랑하는 자마다 그에게서 난 자를 사랑하느니라. 우리가 하나님을 사랑하고 그의 계명들을 지킬 때에 이로써 우리가 하나님의 자녀를 사랑하는 줄을 아느니라. 하나님을 사랑하는 것은 이것이니 우리가 그의 계명들을 지키는 것이라 그의 계명들은 무거운 것이 아니로다. 무릇 하나님께로부터 난 자마다 세상을 이기느니라 세상을 이기는 승리는 이것이니 우리의 믿음이니라. 예수께서 하나님의 아들이심을 믿는 자가 아니면 세상을 이기는 자가 누구냐?" (요한일서 5:1~5)

제 4 장

신앙의 생활

이미 제 1장에서는 ‘하나님 아버지’에 대해서 말했고, 제 2장에서는 ‘인간의 죄악’을 말했으며, 제 3장에서는 죄악이 가득 찬 인간이 그리스도의 구원을 받아 새로 나서 행복스런 인간으로 되는 순서를 말했다. 그러므로 이제는 그리스도로 말미암아 받은 바 구원을 어떻게 보전하며, 또한 그 은혜 가운데서 어떻게 성장 발전해 갈 것인가 하는 소위 믿음의 생활에 대해서 고찰해 보고자 한다. 그런데 이치를 알기만 하고 그대로 행하지 아니 하면 하나님 앞에 그 죄가 도리어 무겁다.

나는 여러분이 이 제 4장을 읽기 시작하기 전에 먼저 죄를 회개하고 예수를 믿어 죄 사함을 받고 영혼이 거듭 나기를 바란다. 옛날 알렉산더 대왕이 아직 황태자였을 적에 기하학을 공부하다가 너무도 어려워 그 선생에게 "어떻게 좀 더 쉽게 공부하는 방법이 없습니까?"고 질문하니 선생은 "전하도 또 다른 사람들처럼 학문의 본 궤도를 밟아 나가는 것으로써 만족해야 할 것이며, 학문의 길에는 가까운 길이나 샛길이 따로 없습니다" 라고 대답했다는 이야기가 있다.

이와 마찬가지로 하나님을 믿음에 있어도 역시 가까운 길이나 샛길은 허용되지가 않는다. 반드시 '회개'와 '신앙' 이라는 두 발로 걸어서 '죄 사함'과 '거듭남'이라는 문을 통과하여 나가서 하나님 아버지의 얼굴을 뵙고 경배해야만 한다. "다른 이로서는 구원을 얻을 수가 없나니, 천하 인간에 구원을 얻을 만한 다른 이름을 우리에게 주신 일이 없음이라" 하였다. 비록 천하가 넓다 하고 고금이 멀다 하더라도 그리스도 밖에 구주는 없다. 또 회개와 신앙으로써 하나님께로 돌아오는 길 외에는 구원의 길은 결코 없다. 하나님께서 여러분에게 은혜를 베풀어 지금 이 책을 읽는 동안에 한 사람도 빠짐없이 이 크신 구원에로 들어오게 하시기를 기도한다.

1. 하나님께 기도하라

신앙생활에 있어 가장 중요한 것은 기도이다. 세상에는 탐욕과 불의의 무리가 있어서 평생 그 직업을 소홀히 하고 허랑방탕의 생활을 보내면서도 아침저녁으로는 우상 앞에 고개를 숙이고 빌기를 "아무쪼록 집안이 태평하고 사업이 번창하여 돈이 많이 벌려지고 맛있는 음식을 배 불리 먹도록 해 주시오며, 즐거운 생활을 영위할 수 있도록, 나쁜 짓을 해도 벌을 받지 않도록…" 비는 등 제 욕심껏, 제 좋을 대로만 빌고 있다. "기도할지라도 이루지 못함이여, 저희의 구함이 헛되도소이다"함과 같다. 이런 기도에 응답이 없을 것은 당연한 일이다. 기도라는 것은 사람이 편안히 누워서 저절로 어떤 복이 굴러들어 오기를 구하거나 선반 위에서 떡이 떨어지기를 기다리는 그런 것이 아니라, 우리 인간의 진심이 살아 계신 전능자 하나님께 말로써 요청하는 청원인 것이다. 새나 짐승은 요리법을 모르지만, 인간만은 요리해서 먹을 줄 알아 "인간은 요리를 하는 동물이다"라고 하고, 또 새나 짐승들은 정부를 설립하고 정치를 하는 일이 없지만 인간만은 그것을 하기에, "인간은 정치하는 동물"이라고 말하는 학자도 있는 것이다. 그런데 이와 마찬가지로 하나님을 신앙하는 면에서 본다면 "인간은 기도하는 동물이다"라고 할 수가 있다.

즉 천지만물의 조물주 되시는 하나님께 기도로써 모든 만사를 아뢰고 의논한다는 것은 우리 인간의 커다란 특권이다. 진실한 인간은 기도를 힘쓰는데 인간이 본성으로 돌아섰을 때에는 스스로 기도를 드릴 생각이 우러나오며, 또 기도를 하지 않고서는 견딜 수가 없는 것이다. 그러므로 하나님을 알지 못했던 옛날 사람들도 "기도의 효험 유무는 모르지만 이 세상에서 신이 아니고 누구에게 의지하리요?"했고, 또 "기도하지 않더라도 지켜 주시지만 그에게 항상 비는 것은 인생의 본분이라" 등을 노래했던 것이다. 하나님께서 우리들의 기도를 들어 주신다는 것은 성경에 분명히 약속 된 바인데, 즉 예수 그리스도도 "구하라 그러면 너희에게 주실 것이요, 찾으라 그러면 찾을 것이요, 문을 두드리라 그러면 너희에게 열릴 것이니, 구하는 이마다 얻을 것이요, 찾는 이가 찾을 것이요, 두드리는 이에게 열릴 것이니라. 너희 중에 누가 아들이 떡을 달라 하면 돌을 주며 생선을 달라 하면 뱀을 줄 사람이 있겠느냐? 너희가 악할 지라도 좋은 것으로 자식에게 줄 줄 알거든 하물며 하늘에 계신 너희 아버지께서 구하는 자에게 좋은 것으로 주시지 않겠느냐?"라고 말씀하셨다.

우리들은 먼저 첫째로 지금까지의 죄 사유를 위해서, 영혼의 거듭남을 위해서 하나님께 기도해야 한다. 그리하여 이미 그 기도가 하나님께 상달되어 구원의 은혜를 받은 자는 한 걸음 더 나아가 나의 모든 부족한 행실과 또 가끔 믿음을 방해하는 모든 것들을 이길 수 있도록 해 주실 것을 기도해야 하겠다. 가령 술을 많이 마시던 사람이 거듭 나서 갑자기 금주를 하는 경우 마음을 안정할 수 없을 뿐만 아니라, 이전에 좋아하던 술 친구들로 부터 유혹을 받을 때에는 시험에 들기 쉬우므로, 이런 때에는 즉시 무릎을 꿇고 하나님께 기도하되 "하나님이시여, 저는 이제 술을 마시고 싶사오니 아무쪼록 이런 약한 마음을 이기게 해 주시옵소서" 하고 진심으로 기도하면 하나님께서 즉각 그 약한 마음을 붙드사 강하게 해 주시며 술을 마시고 싶은 충동을 억제해서 이기도록 해 주신다. 이것은 오직 금주하는데 있어서만 아니라 무슨 일에나 적용되는 이치이다. 그러므로 우리들은 기도로써 모든 죄를 이길 수가 있다. 어느 구세군인이 참회하기를 "나는 이전에 천신(天神)을 신앙하며 저 '마음만 진실의 도에서 어긋나지 않으면 기도하지 않더라도 신이 지키시지 않으랴' 하는 노래를 믿고 세상 사람들이 열심으로 신불(神佛)을 공경하는 것을 비웃으며 또 기도하는 것을 조롱하던 자였었는데, 그 동안에 또한 술을 익히게 되어 점점 술을 많이 마시게 되고 불결한 장소에도 드나들게 됨으로 허랑방탕 속에 몸을 아주 망치게 되었다. 이 무렵 뜻 밖에도 하나님의 말씀을 접하게 되어 반성을 해보니, 나는 오늘날까지 늘 입버릇처럼 '마음만 정도(正道)에서 어긋나지 않으면 되겠지'라고 말해 왔지만, 그 실제에 있어서는 어느 것 한 가지도 인생 정도에 합한 행동을 한 것이 없었다. 이래서는 안 되겠다고 마음속에 깊이 뉘우침과 동시에 이렇도록 오만하고 더러운 마음의 상태를 정결하게 하시는 이는 예수 그리스도 밖에는 없다는 사실을 알게 되었으며, 그를 믿음으로 오늘날은 내 몸도 마음도 정하게 되었고, 그 은혜로 말미암아 날마다 기쁜 마음으로 이 세상을 살아가고 있다고 했다.

기도에는 여러 가지 까다로운 의식 등이 필요 없다. 자식이 그 부모에게 무엇을 요청하는 데에 어찌 그런 형식이나 수식이 필요할 것인가? 공경하는 마음이 있어도 사랑이 없는 남남 사이에는 도무지 부자 관계는 성립될 수 없다.

오직 중요한 것은 진정으로써 하나님께 기도하는 일이다. 또 하나님께서 우리 기도를 들어 주신다는 믿음이 있어야 한다. 기도함에 있어 꼭 명심해야 할 점은 그리스도의 이름으로 기도할 일이다. 기도는 은행 수표와도 같고 그리스도는 돈 맡긴 예금주와 마찬가지다. 예수 그리스도는 하나님의 커다란 은행으로 부터 어떤 은혜라도 인출해 낼 수 있는 힘을 가지신 분이므로 우리들은 기도를 할 때마다 그 마지막에는 반드시 이 기도를 "그리스도의 이름으로 들어주십시오"라든가 또는 "예수님을 의지하여 비옵니다"라고 하여, 어디까지나 예수 그리스도의 이름으로써 하나님의 은혜를 구하는 것을 잊지 말아야 할 것이다. 곧 예수께서 제자들에게 "지금까지는 너희가 내 이름으로 아무 것도 구하지 아니하였으나 구하라 그리하면 받으리니 너희 기쁨이 충만하리라"고 말씀하신 것은 이런 뜻이다.

옛날에 이스라엘의 다윗 왕은 하루에 일곱 번 하나님을 찬양하였고, 다니엘은 하루에 세 번씩 기도했으며, 사도 바울은 "쉬지 말고 기도하라"고 가르쳤다. 우리들은 기도로써 하루의 문을 열고, 기도로써 그 날의 마지막을 장식해야 할 것이다.

그리하여 정성을 다하여 아침저녁으로 기도함은 물론, 세 차례의 식사 때와 음식을 대할 때마다 은혜를 감사할 것이며, 때를 따라 필요한 은사를 구하고, 그 밖에도 길을 갈 때나, 집무를 할 때나, 부엌에서 일을 할 때나, 책을 읽을 때나, 공장에서 일을 할 때 등, 늘 끊임없이 하나님을 생각하고 언제나, 어디에서나 모든 매사에 하나님의 도우심을 받아 해 나감이 중요한 것이다.

우리들이 기도함으로 말미암아 영혼에 은혜를 입을 뿐만 아니라, 또한 육신상, 직업상, 의식주의 문제에 까지도 하나님의 도우심을 받게 되는 것이다. "너희 염려를 다 주께 맡겨 버리라. 이는 저가 너희로 권고하심이니라" 하셨으니 이것은 전과 마찬가지로 성경에 약속하신 바이다. 여기에 하나님께서 우리의 기도를 들어 주신 신기한 이야기 하나를 소개하고자 한다.

기념 엽서 (기도의 응답)

하나님께서는 언제든지 기도를 응답하시는 이시다.

메이지 24년(1891) 6월 19일, 오카야마 고아원의 이시이 쥬지 (石井十次) 씨는 그 금요일 밤 기도회를 뒷동산 묘지에서 개최했는데 때마다 나팔과 풍금을 달라고 하나님께 간청했다. 집회가 끝나고 나서 그는 고아들에게 "하나님께서는 언제나 기도를 들어 주시는 분이시므로 오늘 밤에 이와 같이 간구하였으니 내년 이맘때 까지는 풍금은 물론, 나팔도 일곱 여덟 개 쯤은 반드시 주실 것이고, 모기장도 서너 개 쯤은 더 주실 것이 틀림없다"고 말하자, 아이가 곁에서 큰 소리로 "아무리 아버지가 그렇게 말씀하시지만 그렇게 잘 될까요?"하고 비웃듯이 말했다.

그런데 이상한 것은 그로부터 얼마 되지 않아서 튼튼한 모기장 세 개를 고아원에 기증해 온 사람이 있었으며, 나팔의 수도 점점 불어나 얼마 안 가 일곱, 여덟 개에 달하여, 고아들의 기상, 취침, 식사, 집회, 수업 시간 등에 모두 나팔을 사용하게 되었는데, 언젠가의 기도회에서 이야기한 세 가지 물건 가운데 오직 풍금을 제외하고는 빨리 주신 것이다. 그 다음 해 (1892) 봄, 이시이씨는 병으로 교토(京都)의 동지사(同志社) 병원에 입원해 한 달 정도 치료를 받고 오카야마로 돌아 왔는데, 거기 도착하고 얼마 안 있어 다음과 같은 내용의 엽서 한 장을 당시 내가 교토에서 공부하고 있던 내 처소로 보내왔다.

> "교토에 있을 때는 많은 친절을 베풀어 주셔서 감사한마음 이루 다 형언할 수 없습니다. 나는 오카야마에 돌아온 후로 별 피곤함을 모르고 휴양 중에 있으니 안심하십시오. 말씀드리고 싶은 것은 다름이 아니오라, 그 곳에 있는 고등중학교에서 수고하시는 쇼브 선생께서 본원에 풍금 한대를 기증해 왔으므로 수고스러우시겠지만 형께서 그 분을 찾아 방문한 후에 속히 배 편으로 보내 주시기를 바랍니다. 야마모토(山本), 사사쿠라(佐佐倉), 고지마(兒島) 등 형제들에게 안부 전해 주시기 바랍니다"

이 엽서가 내 손에 들어 온 것은 6월 1일의 일이었다.

즉시 동창 가운데 영어에 능숙한 친구들을 수배, 두 사람을 데리고 고등중학교 교사 관사로 솨브 선생을 찾아 갔다. 그런데 그 집의 사환으로 보이는 남자가 이상한 눈빛으로 "뭐요? 우리 주인 양반이 고아원에 기증을 하셨다고요? 우리 집 주인 양반이"하며 이상하다는 듯한 표정이다. 그러나 그에 개의치 않고 솨브 씨를 만나 찾아 온 뜻을 말하자, 그는 우리들을 안내해 다른 방으로 가서 풍금 한 대를 보이고 나서 좀 있다가 백발이 성성한 노부인으로 하여금 그 풍금을 연주하도록 하며 말하기를 "참 좋은 풍금이죠? 그러나 며칠 동안 우리 집에 더 놔 둘 일이 있으니 한 주일 후에 가지러 오시오"라고 말했다. 나는 그 일주일 동안에 짐 꾸릴 방법과 운송의 절차 등을 여러 가지로 의논했다가 수레 한 대와 품꾼을 데리고 다시 요시다(吉田)산 아래에 있는 솨브 씨를 찾아 가니 흔쾌히 그 풍금을 내주므로 즉시 짐을 꾸려 배 편에 실어 오카야마로 발송했다. 그 날짜는 지금 잘 기억이 안 나나 오카야마에 도착한 날짜는 분명히 기억하고 있다.

"앞에서도 말씀 드린 바와 같이 하나님께서는 이시이 씨의 독실한 신앙의 기도에 응답, 전에는 그 소원하는 바와 같이 모기장과 나팔을 주시고, 이번에는 풍금까지 주신 것인데 그 풍금이 고아원에 도착한 것은 지난 해 뒷동산에서 기도회로 모였던 바로 그 날이었으니 이시이씨가 말하기를 "내년 이맘때가 되면…" 하던 그 6월 19일이었다는 사실은 뭔가 우연의 일치라고만은 할 수 없는 일이 아닌가? "이것은 주로 말미암아 된 것이요, 우리 눈에 기이하도다. 우리들은 오직 하나님의 섭리하심을 찬송할 수 밖에 없다." 이 때문에 고아원에서는 그날 밤, 모두 모여 감사예배를 드렸는데 1년 전에 "아무리 아버지가 그와 같이 말씀하시지마는…" 하고 비웃던 그는 마치 신약성서에 나오는 도마와도 같이 두려움에 떨면서 오직 "나의 주시여, 나의 하나님이시여" 하며 그 되어짐의 신기함에 놀라워했다는 것이다. 그 이후 5년 간 나는 중국으로, 큐슈(九州)로, 시코쿠(四國)로 돌아다녔고, 지금은 또 도쿄에 와 있는데 언제나 가지고 다니는 서류의 하나가 이 두드러진 '기도의 응답'을 기념하는 한 장의 엽서였다』

(「도키오 고에」 제41호)

옛 말에 "기도는 세계를 움직이는 자의 팔을 움직인다"는 말이 있다. 여러분은 나아가서 이 힘 있는 기도를 실제로 체험해야 할 것이다.

"아무 것도 염려하지 말고 다만 모든 일에 기도와 간구로, 너희 구할 것을 감사함으로 하나님께 아뢰라. 그리하면 모든 지각에 뛰어난 하나님의 평강이 그리스도 예수 안에서 너희 마음과 생각을 지키시리라" (빌립보서 4:6~7).

2. 성서를 읽으라

미국의 26대 대통령이었던 링컨의 어머니는 아들 링컨이 아직 어렸을 때, 성경 책 한권을 주면서 "나는 네가 수 만평의 토지를 갖는 것 보다는 이 책 한 권을 가지고 이것을 읽는 편이 훨씬 바람직한 일이다"라고 말했다. 우리들은 기도로써 하나님께 모든 것을 아룀과 동시에 또 성서를 읽어 하나님의 뜻을 알게 되는데, 이 두 가지 방법에 의해서 하나님과의 친밀한 교제를 가질 수 있게 된다. 그러므로 신앙생활에 있어 기도와 마찬가지로 가장 중요한 것은 성서를 읽는 일이다.

우리들의 육체에는 하루 세 끼의 식사가 중요함 같이, 영혼에는 또 하나님의 말씀 즉 성서라고 하는 음식물을 공급할 필요가 있다. 성서를 읽지 않는 사람은 그 정신, 그 신앙이 쇠약해져 세상의 풍파에 견뎌 낼 수 없게 되고, 영혼의 세계에서는 반신불수가 되어 무용지물이 되어 버린다. 이른 바 "사람이 떡으로만 살 것이 아니요, 하나님의 입으로 나오는 모든 말씀으로 살 것이라"함은 이를 말함이다.

성서에는 신약과 구약의 구별이 있는데 구약성서는 그리스도께서 탄생하시기 이전에 하나님께서 인간을 다스리던 역사와 그 시대에 하나님께 충성을 다 하던 사람들의 언행록, 그 저작물 등을 모은 것이며, 신약성서는 구주 그리스도의 일대기를 비롯해 제자들의 활동상과 그들의 편지 등을 모은 것이다.

그러므로 이것들은 모두 옛날에 하나님의 성도들이 성령의 인도하심을 받아 기록한 것이므로 성경 어디를 읽더라도 우리들의 영혼에 영양소가 되지 않는 곳이 없다. 그렇지만 구주의 교훈이나 그 자비심 깊은 업적과 또 성령의 도우심 등이 상세히 기록되어 있으므로, 새로이 구원의 은혜를 받은 사람들이 반드시 먼저 읽어야 할 것은 이 신약성서이다.

성서에는 여러 가지 하나님의 진기하신 역사하심과 또 재미있는 비유 등이 있어서, 그런 부분은 조금 읽어도 누구나 그냥 이해가 되나 우리 인간이 하나님의 크신 경륜과 눈으로 볼 수 없는 미래사를 알려 하고 특히 그 기록이 수 천 년 전 외국에서 이루어진 것을 우리나라의 말로 번역하여 읽고 있으므로 아무래도 양상이 달라서 의미를 이해할 수 없는 데도 있다. 그렇지만 원래, 우리가 성경을 읽는 목적은 학자가 되기 위함이 아니라, 영혼을 온전하게 길러 하나님의 뜻을 실지로 행하고자 하는 데 있으므로 아주 이해하기 어려운 대목은 그 대로 뛰어 넘고 의미가 이해되는 부분만 잘 되새긴다면 그것으로 족하다고 생각된다. 즉 생선을 먹는 사람이 뼈는 남기고 살 부분만 먹는 것처럼 성경 가운데서 입맛에 맞는 부분만 먹고 잘 씹어지지 않는 부분은 이 후에 장차 하늘나라에 들어가서 성서 저작자와 만나서 자유로이 질문할 수 있는 날 까지 기다려도 상관이 없다. 두루 두루 많은 것을 아는 것 보다는 아는 것만이라도 실행하는 마음가짐이 중요하다.

무디 선생은 요한복음 3장 16절, “하나님이 세상을 이처럼 사랑하사 독생자를 주셨으니 이는 저를 믿는 자마다 멸망치 않고 영생을 얻게 하려 하심이니라”는 이 한 구절에 대해서 “이 한 구절 말씀만 남아 있으면 비록 성경 전체가 세상에서 없어질지라도 우리들은 하나님의 가장 크신 은혜를 받을 수 있다”고 말했고, 마틴 루터 선생은 “오직 의인은 믿음으로 말미암아 살리라”는 오직 이 한마디 말씀에 감동되어 대 종교개혁의 대업을 이룩했으며, 또 월벌호스라는 사람은 “이 전쟁이 너희에게 속한 것이 아니요, 하나님께 속한 것이니라”고 한 성경 말씀에 격려를 받아 노예 폐지의 대업을 성취했다고 한다. “한 마디 말로 총명한 자를 징계하는 것이 매 백개로 미련한 자를 때리는 것 보다 더욱 깊이 박히느니라.” 성서는 많이 읽기만 하는 것 보다는 적게 읽을지라도 그 말씀대로 실행에 옮기는 진실한 마음가짐이 요긴한 것이다.

성서는 아침에 자리에서 일어났을 때, 또는 아침저녁으로 매일 조금 씩이라도 규칙적으로 읽는 습관을 기르는 것이 중요하다. 우리의 책상 위에는 다른 것은 없어도 한권의 성서는 있어야 하겠고, 또 길을 다닐 때에도 반드시 성경 한 권은 휴대해야만 할 것이다.

지난 날 크롬웰 장군은 전장에 나갈 때에 성서의 시편을 읊으면서 진

군할 만큼 독실한 신앙가로서 휘하 장병들에게도 성서 한 권씩을 반드시 휴대하고 출전케 했었는데, 어느 날 휘하 부대의 한 믿지 아니하는 병사가 전장에서 돌아와서 오늘은 분명히 어딘가에 탄환을 맞았는데 이상하게도 상처가 없다고 말하며 이상하다는 듯 자기 몸뚱이를 살피다가 문득 발견한 것이 있었다. 그것은 대장의 명령에 따라 마지못해 군복 왼쪽 윗주머니에 넣고 나간 회중 성경책이 까맣게 타진 것이었다. 웬 일인가 자세히 살펴보니, 탄환이 성서의 표지를 뚫고 들어가 그 중간쯤의 전도서 12장에서 멈춰 있었다. 전도서 12장에 "너는 청년의 때 곧 곤고한 날이 이르기 전, 나는 아무 낙이 없다고 할 때가 가깝기 전에 너의 창조자를 기억하라"고 씌어 있는 것을 본 이 병사는 그 완악한 마음을 뉘우치고 두려운 마음으로 지금까지의 불신앙을 회개하고 그 후 열심으로 그리스도를 믿고 헌신하기에 이르렀다고 하는 이야기가 있다.

워더 스톳이라는 문학자가 운명 직전에 자기 사위를 불러 "책을 가져오라" 하므로, 사위는 "무슨 책 말입니까?"하고 물었다. 그가 대답하기를 "두말 할 것 없이 지금 이때에 필요한 것은 성경 책 뿐이지"라 하며 요한복음 14장의 "너희는 마음에 근심하지 말라. 하나님을 믿으니 또 나를 믿으라" 하신 예수님의 말씀을 읽게 한 후, 그 말씀을 들으면서 평안히 눈을 감았었다는 것이다. 내가 교토에 있을 때에 친해진 한 할머니는 성경을 열심으로 상고하였었는데, 나이가 많아 젊은이들처럼 기억력이 좋지를 못해서 성경 목차를 차례대로 일일이 외우기가 어려우므로 신약전서 스물일곱 권의 이름들을 노래로 만들어 다음과 같이 외웠었다고 한다.

마태, 마가, 누가에 요한복음,
사도행전, 로마에, 고린도.
고린도에, 갈라디아, 에베소에, 빌립보서,
골로새, 데살에 데살 후서.
디모 디모데, 디도서, 빌레몬, 히브리서,
야고보, 베드로에, 요한, 유다, 계시록.

고린도가 두 개 있는 것은 고린도 전 후서 가 있기 때문이고, 디모 디모데라고 한 것도 그와 마찬가지로 디모데 전서, 디모데 후서라는 의미일 것이다. 이 얼마나 감사할 일인가. 다음에 또 모리타(森田) 리세코라는 굉장한 성서 애독자인 한 할머니의 이야기를 하겠다.

독실한 믿음의 여인 모리타의 이야기 [메이지 30년 (1897) 10월]

그 얼마 전 독실한 신앙인 모리타라는 한 노파가 세상을 하직했다. 모리타 리세코는 한 무명의 시골 여자였는데, 생애는 하나님의 은혜로 산 증거가 된다고 생각되므로 여기서 그 이야기를 좀 하려고 한다. 이 여인의 고향은 단고구니(丹後國)의 아미노(網野)

사람으로서, 25세 때 모리따 가문으로 들어와 남편을 도와 가사에 전념하여 가세가 점점 나아가던 중에 47세 때 남편이 세상을 떠났다. 그 후 노인은 은거생활로 큰 전당포를 경영하며 별로 외출이라곤 없었는데 61세 되던 때에 우연히 이세신궁(伊勢神宮)에 참배할 계획으로 가던 도중 먼저 단바(丹波)에 들러 노세(能勢) 신당을 참배한 후 교오도로 가려고 했는데 길을 잘못 들어 우연히 오사카(大阪)로 가게 되었다. 다행히도 그곳에는 시댁 집안 친족이 살고 있었으므로 그 집에 잠깐 머무르며 오사까 관광이라도 할 생각이었다.

원래 이곳의 모리타가는 일찍부터 온 집안이 그리스도를 믿어 내려 온 터였으므로 뜻 밖에도 거기 체류하는 동안 참 신이신 하나님에 관한 이야기를 듣게 되어 리세코 부인이 60여 년 동안 품고 있던 수수께끼를 풀게 되었으며, 그는 곧 회개하고 예수의 구원을 받은 것이 메이지 11년 (1868)의 일이었다.

이에 신궁 참배는 단념하고 곧장 고향인 아미노로 돌아왔다. 이때가 바로 사이고(西鄕) 전쟁이 바로 끝난 무렵이요, 속설에 귀신이 나온다는 오오에산(大江山)에서도 120킬로나 더 산 중으로 들어가서 할머니 혼자 몸으로 그리스도 신자생활을 하려고 하니 "악귀가 들렸다", "집안 망친다"는 등 인근 동네 사람들의 핍박은 물론, 개중에는 신관(神官)이나 승려를 충동하여 여러 가지로 박해를 가해 왔으나 리세꼬는 거기에 굴하지 않고 끊임없이 기도에 힘쓰는 한편, 또 성경을 읽지 않고는 신앙심이 약해짐을 깨닫고 지금까지는 낫 놓고 ㄱ자도 모르던 노파가 글을 배우기 시작해 차차 성서를 읽을 수 있게 됨으로 하나님의 더욱 크신 은혜를 체험하였다. 마침내 메이지 19년(1886)에는 사재로 근처에 예배소를 짓고 이어 메이지 24년(1891)에는 전도사를 초빙하였고, 그 다음 해에는 자기 동네에 다 새로이 훌륭한 교회당을 세워 동네 사람들에게 예수의 구원의 기쁜 소식을 전하기 시작했다. 이 이야기를 쓰고 있는 나는 메이지 26년(1893) 여름휴가 때, 단고와 아미노로로 여행을 가서 그 할머니를 찾았다. 할머니는 우리 일행을 기뻐 맞았으며, 다과 대신에 찹쌀 콩밥 등 음식을 듬뿍 담아 내 놓으면서 "우리 같은 보잘 것 없는 존재들을 당신들이 찾아 준다는 것도 모두가 하나님의 크신 은혜"라고 말했다. 그날 밤 특별집회를 열고 내게 설교를 부탁하므로, 1년 전에 지었다는 그 교회당에 나가 보니 리세코는 벌써 나와서 회중들에게 찬송가 책을 나눠 주기도 하고 또 열심으로 찬송을 인도하고 있었다. 예배가 시작되고 나서 나는 그 할머니의 찬송가 부르시는 솜씨나, 성경 읽어 내려가는 솜씨 등이 너무도 익숙해서 61세 때 부터 익힌 것이라고는 생각할 수 없을 정도였다.

리세코 할머니는 아침 일찍부터 저녁 늦게까지 손을 한시도 쉬는 적이 없으며, 아주 열심히 공부하고 또 검소한 생활로 매년 70엔 이상을 전도사업을 위해 헌금해 왔던 것이다. "부지런하여 게으르지 말고 열심을 품고 주를 섬기라"하신 성서의 말씀을 실천한 것이다. 후일 일본 전국 각지에 그리스도의 복음이 구석구석까지 전파되어 과거를 돌이켜볼 때에 당고 지방에 처음으로 하나님의 은혜를 들여 온 사람이 이 모리타 리세코였다는 사실을 생각하게 되면 리세코의 생애도 영광스런 생애였다고 할 수 밖에 없겠다. 그리고 하늘나라에서는 리세꼬는 벌써 하나님께서 "아, 착하고 신실한 종아……" 하는 치하를 이미 듣고 있을 것으로 생각된다. 리세꼬 할머니가 세상을 떠난 것은 78세 때였다.

(「고키노 고에」 제41호)

환갑이 지나서 글을 배워 성서를 읽게 된 사람도 있다고 한다. 여러분들도 어떻든 매일 조금씩이라도 성서를 읽어 하나님의 은혜와 또 그 교훈을 받으시기 바란다.

"또 어려서부터 성경을 알았나니 성경은 능히 너로 하여금 그리스도 예수 안에 있는 믿음으로 말미암아 구원에 이르는 지혜가 있게 하느니라. 모든 성경은 하나님의 감동으로 된 것으로 교훈과 책망과 바르게 함과 의로 교육하기에 유익하니 이는 하나님의 사람으로 온전하게 하며 모든 선한 일을 행할 능력을 갖추게 하려 함이라" (디모데후서 3:15~17).

3. 신자로서의 본색을 분명히 드러내라

기도하는 일과 성서를 읽는 일과 마찬가지로 중요한 것은 우리들이 우리 신앙의 본색을 분명히 드러내는 일이다.

첫째, 우리들은 세속적인 모든 행위를 벗어나서 부정한 사람들과의 관계를 단절해야만 한다. 배는 물 가운데 있어야만 되는 것이지만 그러나 물이 배 안으로 들어오면 가라앉는 법이다. 그와 마찬가지로 우리들은 이 세상 가운데서 매일을 살아야만 되는데, 이 세상의 좋지 않는 습성들이 우리의 마음 속에 파고 들 때는 타락하여 죄인이 된다. 그렇기 때문에 옛날 요셉은 주인의 아내로 부터 불의한 유혹을 받았었으나 강경하게 거절하고 그 몸의 동정을 지켰으며, 다니엘과 세 청년은 왕이 하사하는 진수성찬을 거절하고 검소한 생활을 달게 여겼다고 한다. 우리들은 이 세상의 사치와 경박, 허랑방탕, 또는 불신앙 등에서 벗어나지 않으면 안 된다. 특히 현재 우리나라의 형편을 볼 때 더욱 이러한 자세가 중요하다고 생각하는 사람이다.

나노미야 타카노리(二宮尊德)의 노래에 "앵앵거리며 창문에 날아 붙는 것을 보니 밝은 바깥 세상에 미혹됨이라"는 말이 있다. 마치 이 노래처럼 지금 우리 나라 사람은 입으로는 문명이니, 문화니, 과학이니, 떠들지만 그 문화란 것이 기차나 배, 전화나, 비행기나, 공장이나, 회사 등 단지 표면적인 것만의 문화에 그치고, 참 문화의 정수(精隨)가 되는 기독교를 받아들이는 데는 인색하여 소위 밝은 바깥에만 미혹 당하고 있는 것이다. 그리하여 그 결과는 어떤가 하면 그 옛날의 무사 기질은 이미 사라졌으나 아직도 눈앞의 하나님을 경외할 새로운 신앙심은 생겨나지 않고 있으며 손꼽는 정치가, 교육가들도 품행이 방탕스럽기 짝이 없는 자들도 있고, 또한 수 백 만의 신앙인들로 부터 추앙을 받는 사람이면서도 자기 수양도 덜 된 사람마저 없지 않다.

혹 어떤 이들은 일본 내의 창기들을 모조리 다 섭렵해 보겠다는 큰 욕망으로 자기 주인집 돈을 훔쳐 낸 자가 있었는가 하면, 여성계를 보면 밀매음 죄로 200여 번이나 형을 받은 여성도 있는 세상이다. 싸움, 살인, 사기, 간음, 몰인정, 불의 등은 도처에서 일어나고 있으며, 풍속을 어지럽히고 사회에 해록을 끼치고 있는 전국의 창기의 수만도 현재 5만 명이 넘고, 일본 전국에 있는 기생과 창기와 밀매음자와 첩들을 합하면 그 수가 30만 명 가량 되니 아, 실로 놀랍도다 부정과 방종과 또 죄악에 더렵혀진 세상이여.

그런즉 우리들 그리스도에게 속한 자는 단연코 이러한 죄악 세상과 야합해서는 안 된다. 그렇다고 해서 어떤 사람들처럼 세상을 등지고 산으로 들어가라는 뜻은 아니며 적어도 이렇게 극도로 부패 된 세상의 더러움에 물들지 말 것이며, 일체의 세속적인 악습을 벗어 버리고 이러한 불결한 행동을 하는 사람과는 직업상이나 재정거래 할 때나 무슨 교섭할 때나 또는 그런 사람들을 주 앞으로 인도해 내는 경우라든가 혹은 친척, 연고

자, 친구, 이웃으로서의 통상의 교제 이외의 관계를 완전히 단절해야 할 것이다.

술을 마시지 마라. 이는 모든 죄악의 입구이기 때문이다. 도박을 해서는 안 된다. 극장 같은 것은 멀리 하는 것이 좋으며, 통속 소설류는 읽지 않는 편이 낫고, 저속한 내용의 영화는 보지 않는 편이 더 좋다. 이 얼마 전에도 살인하는 장면을 보고서 살인을 하게 된 사람이 있었다고 하지 않는가. 외설적인 소설류나 술자리 등에서의 음담패설을 들은 탓으로 방탕아가 되어버린 사람도 적지가 않다. 너무 사치스런 차림을 하지 말고 도리어 좋은 행실로써 그 몸을 단정히 할 일이다. 신문의 연재물이나 어떤 잡지류들은 오히려 보지 않는 편이 좋을 정도이다. 더러운 말은 기억하지도 말 것이며, 불결한 곳 같은 데는 구경 조차도 가지 말라. 그밖에 일체의 세속적인 행위는 모두 버리자. "간음하는 여자들이여, 세상과 벗 된 것이 하나님의 원수임을 알지 못하느뇨? 그런즉 누구든지 세상의 벗이 되고자 하는 자는 스스로 하나님과 원수 되게 하는 것이니라" 함은 영원히 변함이 없는 성서의 교훈이다.

둘째, 우리들은 나아가 하나님의 정병이 되어야 한다. 옛날 어느 학자는 "지렛대가 받혀진 곳이 있다면 나는 지구를 움직여 보이겠다"고 했지만 우리들은 이 부패가 극에 달한 세상에 물들지 않고 도리어 세상 사람을 죄에서 건져내기 위해서 먼저 스스로가 할 일은 지렛대를 튼튼히 받힐 수 있는 곳, 곧 우리의 몸 둘 장소를 정하는 일이 긴요하다. 그러므로 우리의 몸 둘 장소란 곧 신앙을 고백하고 하나님의 군대에 가입하는 일이다. 구세군의 경우라면 입대식을 하고 그 병사가 되는 일이요, 교회의 경우는 그 회원이 되는 일이다. "등잔 밑이 어둡다"라는 말처럼 제아무리 밝은 등불이라도 한 개만으로써는 그 밑에 어두운 곳이 있게 마련이지만 두 개라면 한 쪽 등불의 그늘 진 곳을 다른 쪽 불이 비춰주므로 서로 도와서 방 안이 모두 밝게 된다. 인간도 이와 마찬가지로 제아무리 성현 군자라고 하더라도 오직 자기 혼자서라면 자기가 자기 발 밑을 비추기 어렵고 따라서 생각지 않은 죄와 오류를 범하는 수도 있지만, 이와 반대로 그렇게 훌륭하지 못하더라도 두 세 사람이 모이는 날에는 이른 바 "세 사람이 모이면 문수(文殊: 지혜의 부처)의 지혜, 또 "둘은 하나보다 낫다"는 말처럼 서로 도와 커다란 오류에 빠지는 것을 면하게 된 뿐만 아니라 "단결은 힘이다." 지금은 말을 타고 전쟁을 하는 시대는 아니다.

우리는 오직 하나님의 큰 군대를 뒤에 배치하고 비로소 속세 죄악과 악마와 전쟁을 할 수가 있다. 그러므로, 주 그리스도는 "두 세 사람이 내 이름으로 모이는 곳에는 나도 그들 중에 있으리라" 말씀하셨고, 히브리서에는 또 "모이기를 폐하는 어떤 사람들의 습관과 같이 하지 말고 오직 권하여 그 날이 가까움을 볼수록 더욱 그리하자" 하고 있다. 나는 이제 이 신자의 깃발색(본색)을 분명히 하는데 대해서 두세 가지 사실을 말씀드리려고 한다.

어떤 사람이 미국의 시카고에 새로이 당구장을 내고 그 개업식 때 그의 경건치 못한 친구들이 장난삼아 저 유명한 무디 선생을 초청했었는데 무디 선생은 그 개업식에 참석, 식장 한 복판에 나타나더니 "하나님이시여, 아무쪼록 이렇게 못 된 놀음을 하는 장소가 빨리 없어지도록"해 달라고 큰 소리로 기도를 마치고 돌아갔다. 하나님께서는 자기 영광을 위해 무디 선생의 이 기도를 들으셨든지, 얼마 안 가서 그 당구장은 폐업을 하고 말았다는 것이다.

또 해리슨 대장이라는 호걸이 미국의 대통령으로 재직 시에 하루는 많은 신사숙녀들과 더불어 식사를 하고 있는데 한 신사가 잔을 들어 대장을 축하하여 한 잔 들기를 권하자, 대장은 평소에 술을 마시지 않았으므로 조용히 사양하고 그래도 모처럼의 뜻을 저버리지 않으려고 술 대신 물을 마시고 빵을 먹었다. 그런데 얼마 안 있어 또 한 사람이 술을 권하므로 대장은 또 조용히 이를 사양했지만, 또 계속해서 여러 사람이 술을 권해 오므로 대장은 이를 참지 못하고 마침내 일어서서 다음과 같은 연설을 했다.

"신사 여러분, 나는 이미 두 번, 세 번 술잔을 사양했습니다. 이것으로 나의 신조는 대개 아셨을 줄로 압니다. 물론 여러분이 아무리 권하더라도 나는 젊었을 때 부터 지켜 온 이 금주주의를 조금이라도 어길 수는 없습니다. 나와 함께 대학을 나온 친구가 16명이었는데 모두 술 때문에 몸을 망쳤고 또 사업에 실패하고 그 동안에 죽고 하여, 현재 살아남아 크든 작든 사회를 위해 활동하고 있는 사람은 지금 나 혼자 뿐입니다. 여러분, 그러므로 나의 건강과 행복과 성공은 모두 이 금주주의에 의해서 얻어 진 것입니다. 그런데도 여러분은 나의 결심을 이제 다시 번복시켜 술을 마시는 동료로 삼으려고 하는 것입니까?"라고 했다. 이 말을 듣고 있던 신사 숙녀들은 모두 대장의 정신에 감복하여 두 번 다시 술을 권하는 자가 없었다고 한다.

비젠(備前)의 오카야마 구세군 영문의 병사 한 사람이 간증하기를 "2, 3개월 전, 나의 종제의 장녀 결혼식장에 친족대표로 꼭 참석해 달라는 초청을 받았는데 구식 결혼식이니까 으레 술도 나올 것이고 떠들고 놀게 될 것으로 생각되어서 어떻게 할까 망설이다가 결심을 하고 나갔더니, 역시 술잔치가 벌어지고, 춤추는 자도 있고, 노래가락도 나오고 하여 떠들썩해졌다. 그렇지만 나는 물론 당초부터 엄격한 금주가로 알려져 있던 터이라, 떡과 차들을 따로 내왔다. 그 때 나는 기회를 엿보고 있다가 일어서서 말하기를 "만장하신 여러분에게 드릴 말씀이 있습니다. 다름이 아니오라 오늘 밤 이 신랑 신부에게 천지의 대주재가 되시는 하나님께서 부탁하신 말씀입니다" 하면서 에베소서 5장 22절 부터 33절까지에 있는 부부의 의무에 대해 성서에서 가르치고 있는 바를 읽어 들려주니 모두가 큰 감명을 받았고, 신랑 되는 이는 후에 만났을 때 각별히 이때의 감명 깊었던 이야기를 하는 것이었습니다. 우리들은 어딜 가나 이 신앙의 본색을 분명히 드러내지 않으면 안 될 것이, 대담하게 증거 하는 것은 겁을 먹고 숨기는 것보다 훨씬 안전하며 또 도리에도 합당한 방법이다.

"너희는 믿지 않는 자와 멍에를 함께 메지 말라 의와 불법이 어찌 함께 하며 빛과 어둠이 어찌 사귀며 그리스도와 벨리알이 어찌 조화되며 믿는 자와 믿지 않는 자가 어찌 상관하며 하나님의 성전과 우상이 어찌 일치가 되리요 우리는 살아 계신 하나님의 성전이라 이와 같이 하나님께서 이르시되 내가 그들 가운데 거하며 두루 행하여 나는 그들의 하나님이 되고 그들은 나의 백성이 되리라. 그러므로 너희는 그들 중에서 나와서 따로 있고 부정한 것을 만지지 말라 내가 너희를 영접하여 너희에게 아버지가 되고 너희는 내게 자녀가 되리라 전능하신 주의 말씀이니라 하셨느니라" (고린도후서 6:14~18).

"사람이 마음으로 믿어 의에 이르고 입으로 시인하여 구원에 이르느니라" (로마서 10:10).

4. 믿음의 선한 싸움을 싸우라

이미 세상 죄악과 인연을 끊고 하나님의 군대에 입영, 적군의 앞에서나, 신도들 앞에서나 우리 신앙인의 본색을 분명히 드러내는 우리들이 이제 한 걸음 더 나아가 해야 할 일은 우리 동포와 형제들을 구하기 위해 신앙상의 싸움을 하는 일이다. 원래 그리스도를 믿지 않는 사람들은 인간의 영혼의 가치를 알지 못한다. 노래 가운데 "생각하라, 부리는 자도 남의 귀동자임을 내 사랑하는 자식과 비교하여" 또 "엄동설한에 땔나무 하는 저 목동도 귀엽기는 일반인데"라는 말이 있다. 인간을 존중하는 마음이 이 한 말에 충분히 나타나 있는데 마치 내 자식을 사랑하는 마음에 비교하여 남의 자식을 사랑한다는 것으로서, 아직 인간의 영혼이 어떻게 귀한가 하는 데 대해서는 말하지 않고 있다. 그런데 성서는 이 점에 대해 분명히 가르쳐 주고 있다.

하나님께서는 당신의 형상을 따라 인간을 지으셨으므로 하나님은 사람의 아버지시요, 사람은 하나님의 아들이라고 불리움이 당연하다 하겠다. 한 인간의 영혼은 온 세계보다도 귀중하므로 하나님께서는 지극히 작은 소자 하나라도 죄에 빠져 멸망하는 것을 기뻐하지 아니하시며, 그 때문에 그리스도를 우리에게 주셔서 구원의 길을 열으신 것이다. 즉 그리스도는 길 잃은 어린 양이 그 우리를 멀리 떠나 산과 들을 방황하다가 종국에는 이리와 사자에게 물려 끌려가는 것처럼 인간이 하나님 아버지를 잃어버리고 인간의 정도를 떠나 죄악의 길을 방황하다가 마침내는 악마에게 사로잡힌바 되는 것을 긍휼히 여기시사, 이를 구원하시기 위해 이 세상에 나타나신 분이다.

예수의 말씀에도 이런 비유가 있다. 어떤 사람이 양 백 마리가 있는데, 그 가운데서 한 마리를 잃게 되면 다른 아흔 아홉 마리는 우리에 놓아두고 없어진 한 마리 양을 찾기 위해 힘을 다해 찾아 헤맬 것이다. 그리하여 어렵사리 이를 찾게 되면 기뻐서 그 양을 어깨에 매고 집으로 돌아 와서 이웃을 모아 놓고 하는 말이 "여러분께서도 함께 기뻐해 주십시오. 우리 집에서는 오늘 아침부터 한 마리 양이 없어져 팔방으로 사람을 보내 찾았더니 석양에야 겨우 어느 산골짜기에서 찾아 가지고 돌아 왔습니다" 하며 기뻐할 것이 아닌가. 마치 이처럼 한 사람의 죄인이 이 세상에서 죄를 회개할 때, 하늘에서는 하나님께서 천사들과 더불어 크게 기뻐한다는 것이다. 이와 같이 하나님은 인간의 영혼을 귀중한 것으로 만들어 인간 한 사람한 사람의 신앙에 까지 유념하시며, 모든 인간이 다 구원 받기를 바라고 신다. 그래서 우리들은 그 광대무변한 은혜로 말미암아 이제 거듭 난 사람이 된 것이다. 할렐루야!

"사랑은 여기 있으니, 우리가 하나님을 사랑한 것이 아니요 오직 하나님이 우리를 사랑하사 우리 죄를 위하여 화목제로 그 아들을 세상에 보내셨음이니라." 그가 "우리를위하여 목숨을 바치셨으니 우리가 이로써 사랑을 알고 우리도 형제를 위하여 목숨을 버리는 것이 마땅하니라." 우리는 이미 이토록 하나님과 그리스도의 풍성한 은혜와 사랑을 받은 자이므로, 우리 주위에 있는 다른 사람들을 구원으로 인도하는 일은 그 은혜에 보답함이 된다.

우리들은 그 사명 완수에 진력하며 하루하루를 살아가므로 그 하루만이라도 이 세상이 살기 좋은 세상이 되도록 매일의 자기 사업에 충실해야 할 것이다. 이와 더불어 또 끊임없이 인간의 영혼을 죄에서 구원하기 위해 싸워야만 한다. 잠언의 "너는 사망으로 끌려가는 자를 건져주며

살육을 당하게 된 자를 구원하지 아니치 말라. 네가 말하기를 나는 그것을 알지 못하였노라 할지라도 마음을 저울질 하시는 이가 어찌 통찰하지 못 하시겠으며, 네 영혼을 지키시는 이가 어찌 알지 못하시겠느냐? 그가 각 사람의 행위대로 보응하시리라" 함이다. 멸망해 가는 영혼을 구원하는 일은 먼저 구원 받은 우리들의 할 일이다. 그렇다고 해서 영혼을 구원하기 위한 활동은 무슨 강단 위에 서서 연설이나 설교를 하는 것만으로 국한되지는 않는다. 질병이나 재난에 고생하는 사람들을 위로하며, 사람들을 예배에로 인도하며, 남을 위해 또 군대를 위해 기도하며, 전도비용을 바치고, 집회 때에 자기가 하나님으로 부터 받은 은혜의 체험을 증거하고, 또는 〈도끼노 고에〉(구세군의 신문)를 팔며, 병사의 휘장·제복을 착용하고 행군의 대열에 참가하여 모든 일을 하나님의 군대의 규율, 명령에 따라 활동하는 것 등은 모두가 영혼을 구원하기 위해 싸우는 일이다.

인간을 구원하는 일을 오직 구세군 사관이나 또는 전도자만의 사업으로 생각해서는 안 될 것이다. 이것은 모든 구세군 병사, 또는 그리스도 신자에게 지워진 가장 신성한 의무이며 특권인 것이다. 옛말에 "병졸이 없는 장기는 두지 못 한다"라고 했듯이 구원의 전쟁은 오직 소수의 종교가들만이 싸워야 하는 것은 아니다. 그러므로 영국의 대정치가 윌리암 글라스톤은 교회 집회에 나가서는 성서를 낭독함으로써 설교자를 도왔고, 또 유명한 정치가 존 브라이트는 교회당의 입구에서 들어오는 사람들의 안내를 맡았었다고 한다. 곧 다윗 왕의 시편에 "악인의 장막에 거함보다 내 하나님 문지기로 있는 것이 좋사오니"라고 한 것은 이런 마음일 것이다. 어느 날 영국 런던에서 발행되는 구세군의 《The War Cry》에 다음과 같은 글이 게재된 일이 있었다.

"런던 시내에 600만 명의 인구가 사는데, 이 600만 명에 이르는 각자의 영혼을 등불에 비교해서 생각해 보자. 만약 한 사람의 남자가 1분 간에 하나 씩 등불을 켜게 된다면 600만 전 시민이 다 불을 켜게 되기까지에는 밤낮을 쉼 없이 계속한다 치더라도 약 11년 5개월 11일 16시간이 걸린다. 그런데 만약 그 불을 붙인 등불의 주인공이 곧바로 다른 사람에게로 불을 옮겨 붙여 주어 모두 1분간에 하나씩 붙여 간다고 하면 불과 24분이면 600만 명이 불을 다 붙일 수 있게 된다고 하니 이 얼마나 놀랍고 신속한 일인가? 지금 런던 시내의 구세군인의 수를 1만 명으로 잡고, 이 1만 명 모두가 1주간에 한 사람씩의 결신자를 인도해 낸다고 가정을 하고 인도받은 결신자가 기성 구세군인과 마음을 모아 다시 1주일 동안에 한 사람씩 또 다른 결신자를 얻어 낸다고 하면, 런던 전체 시에 하나님 나라를 이룩함에는 불과 10주간 정도의 시일이 걸린다."

이와 같이 모든 그리스도 신자들이 제각기 자기 직분에 충실할 때에 사회적·정신적 대 혁명은 순식간에 성취될 것임에 틀림없다.

인간을 구원하기 위해 활동하는 사람은 그. 사이에 자기도 모르게 자신의 신앙도 더욱 건전하게 성장한다. "흐르는 물은 썩지 않는다"란 말이 있듯이 활동하지 않는 사람은 성장하지 않는 법이다. 인간을 구원함에는 인간의 영혼을 사랑하고 끈기 있게 그를 위해 노력을 경주할 필요가 있다.

작년에 나는 요시다 세이타로(吉田清太郎)라고 하는 신앙심이 강한 사람과 더불어 밧츄타카하시(備中高梁)에서 한 여름을 지낸 일이 있는데, 그때 그는 그 곳에서 완고하기로 소문이 나 있는 한 사람의 기독교 반대자를 그리스도께로 인도하겠다고 생각하고, 여러 차에 그를 방문했으나 때마다 그는 "바쁘다"는 한 마디로 거절을 하므로 "그러면 언제 짬이 나겠습니까?"하고 물었더니 "언제고 틈이 없다"고 나왔다. 도무지 접촉할 방법이 없기 때문에 생각다 못해 곧 우체국에 가서 엽서 백 장을 사다 놓고, 그 엽서에다 하나님은 어떤 분이라는 것과, 예수는 우리의 구주가 되신다는 사실과, 인간의 죄에 관해서 한마디씩 적어서 매일 3, 4매 내지 5, 6매씩 그 집으로 부치면서 끝에다는 "아무쪼록 어느 때든지 겨를이 있을 때에 한 장 만이라도 읽어주십시오"라고 써서 보내기를 끈질기게 계속했다고 한다. 그런데 그렇게 완고하던 반대자도 얼마 안 가서 너무 미안한 생각이 들었는지 "그렇게까지 하시는데 아무래도 요시다 씨를 모시고 우리 집에서 한번 쯤 집회를 가져야겠오"라고 자기 집에서 가정예배를 가질 정도로 변하게 되었고, 얼마 안 돼 구원을 받아 열성 있는 신자가 되었다. 이 사람이 바로 오늘날 사회사업계에서 이름 있는 모씨의 아버지인데 과거에는 그 아들을 굉장히 핍박했던 인물이었다. 나는 그 당시 요시다 씨가 종이를 사다가 마가복음부터 등사해서 눈이 안좋아 인쇄물을 읽을 수 없는 사람들에게 가지고 가 읽어주는 것을 본 적이 있다.

세상에는 사랑보다 더 힘이 강한 것은 없으며, 또 성실보다 더 좋은 방법이 없다고 한다. 우리들은 담대히 앞으로 나아가 인간을 구원하기 위해 진격하지 않으면 안 된다. 그리스도는 "사람을 강권하여 데려오라"고까지 명령하고 계시다.

여기에 구세군의 열성 있는 여 병사인 필립의 이야기를 하나 소개한다.

구세군 병사의 귀감 (구세군 신문팔이 이야기도 포함)

종교개혁을 단행한 마틴 루터는 인쇄술의 발명을 가리켜 말세 전에 나타내 보이신 하나님의 특별하신 섭리라 생각하고 크게 감사했다고 하는데, 이와 같이 인쇄술은 하나님께서 세상을 구원하시기 위한 일대 무기임이 분명하다. 물이 바다를 덮은 것 같이 하나님을 아는 지식을 온 세상에 널리 보급시키기 위한 한 수단 밖에는 아니다. 그런데 웬 일인지 간악한 세상 사람들은 신성한 수단을 남용하여 이것으로써 악마의 사업을 돕고 사람을 해치며 세상을 어지럽게 하는 일에 진력하는 것은 진실로 언어도단이라고 하겠다. 지금 일본에서도 일간 신문의 많은 부분을 차지하는 선정적인 외설물들이나 도발적인 소설 등은 모두 이 세상을 현혹시키는 악마의 역할이다. 대적이 이미 이렇게 까지 발악을 하는 것으로 보면, 하나님의 종 된 우리들은 더많은 노력을 기울여 큰 승리를 거두어야만 할 것이다. 그러므로 구세군이 세계도처에서 인쇄물을 이용, 쉬운 문서를 가지고 온 세계에 구세군의 큰 뜻을 널리 전파하는 까닭도 여기 있는 것이다.

구세군의 출판물, 정기 간행물들은 여러 가지가 있는데 그 중에서도 가장 널리 전파되고 있는 것은 〈도끼노 고에〉이다. 40여 년 전, 영국 런던에서 처음 발행된 반 페니(영국 동전의 단위)짜리 『The War Cry』를 시초로 오늘날 세계 각국 구세군이 일하고 있는 곳이면 반드시 발행되고 있는 여러 모양의 구세신문에 이르기까지, 그 형태는 서로 다르고 글과 문장은 서로 다르지만 어느 것이나 모두 하나님의 구세군에게 명령하신 사명을 고백하고 그 사업을 대표하는 것이다. 그러므로 진실한 구세군인은 그 헌금으로써 군대를 도우며 간증으로써 하나님께 받은 은혜를 전파하는 동시에, 또 이 구세신문을 파는 이런 일을 함으로써 하나님께 영광을 돌리고 인간을 구원하는 일에 힘을 다할 것이다. 구세신문 팔이! 이것은 실로 신성한 하나님의 사업이며 하나님께 대한 봉사이다. 서구각국에 있는 구세군 병사가 어떻게 이 중대한 사업에 열심인가는 날마다 자기 직업에 종사하면서도 여가를 선용, 매주 2, 3백부 씩의 신문을 파는 자들이 적지 않은 것을 보더라도 짐작이 간다. 나는 외국에 있는 구세군인들이 이 구세신문을 위해 어떻게 분투하고 있는지를 알려주기 위해서 한 여자 병사인 필립의 이야기를 하려고 한다.

"필립은 영국 사람이다. 어떤 집에서 하녀로 일하고 있는 말하자면 평범한 일개 봉사자에 불과했다. 그러나 그녀는 가장 용감한 하나님의 병사였으며 또 충성스런 그리스도의 종이다. 모든 것을 다 바쳐 동포들을 구원하기 위해 일하고 있는 경건한 여장부였다. 집안 일이 매우 바쁜 탓으로 한 주일에 하루저녁만은 자유 시간을 가질 수 있었고 그밖에는 연 중 조금도 쉴 틈이 없었다. 아침부터 저녁까지 땀을 흘리며 쉼없이 주인의 일을 도와야만 했고, 한 주간에 단 하루저녁의 휴가를 기다렸다가 구세신문을 들고 나가 그 근처의 술집을 돌아다니며 술의 종이 되어 인간의 가치도 품성도 다 잃어버린 불효자, 술주정뱅이들을 상대로 구세군가를 부르고 기도를 하며 그리스도의 구원을 설파하여 회개할 것을 촉구하면서 신문을 사 읽을 것을 권하며 오직 한 가지 목표인 그들의 구원을 위해 싸운 것이다. 이리하여 그녀가 매주 하루저녁 몇 시간 동안에 판 신문의 숫자는 50~70부에 달했고 가장 적은 때에도 40부 이하를 판 적이 없었다고 한다. 이 용감한 하나님의 병사! 그런데 우리들이 이 여자 병사 필립에게 감복을 하는 것은 매주 하룻밤 쉬는 그 귀한 시간을 모두 하나님께 바친 것만이 아니요, 구세신문을 많이 판 것 때문만도 아니요, 특별히 술집을 방문하기를 항상 힘 쓴 점인데 이는 가장 요긴한 일이다. 영국에서의 죄의 시작은 언제나 술집에서 부터였으니 즉 강한 술, 좋지 않은 친구와 음담패설, 이것이 영국 사람들을 타락으로 끌어 들이는 가장 큰 함정이었다. 그리하여 필립 여 병사는 어떻게 해서든 한 주 중 단 하룻밤의 이 귀한 시간을 가장 값있게 써야겠다고 생각하고 언제나 혈혈단신 죄의 소굴로 쳐 들어갔으니, 이는 이른 바 호랑이 굴에 들어가야 호랑이 새끼를 잡는다는 말을 실천한 것이다. 술집의 주인들이야 이 여인을 좋아했을 리 없고 술꾼들도 그를 핍박하고 조롱도 했으나 거기에 조금도 굽히지 않고 주의 이름을 위해 핍박받는 것을 기쁨으로 생각하고 담대하게, 침착하게, 더욱 더 쾌활, 친절하게 활동을 계속했다. 윌리암 부스 대장은 말하기를 "곧장 영혼에게로 가라. 지극히 악한 자에게로 가라! 이것이 곧 구세군이다"라고 했다. 이 필립 여 병사 같은 이는 사실 이 정신으로써 싸우고 있는 이른 바 혈화(血火)정신에 충만한 전형적 구세군 병사라고 생각된다. 그녀의 체험담에는 여러 가지 재미나는 이야기와 값있는 이야기들이 많은데, 어느 부인은 길모퉁이에서 젊은 남자와 장난을 하고 있다가 이 여인의 충고를 받고 즉시 회개하고 새 사람이 되었고, 또 어떤 남자는 술집에서 이 여인의 말을 듣고 감동을 받아 구세군 회관에 들어가 회개하고 믿기를 결심했으며, 어느 날 저녁에 술집의 주정꾼들을 비집고 들어가 한 가운데 서서 거침없이 "주의 음성을 내가 들으니……" 군가를 불러대니 주정꾼들은 일제히 떠들기를 그치고 나중에는 술잔들을 탁자 위에 갖다 놓기 시작했다. 그 때에 하나님께서 그들의 마음에 감동하심으로 술집 안이 바늘 떨어지는 소리도 들릴 만큼 조용해져 모두 필립의 말에 귀를 기울였다. 그러나 술 집 주인은 화가 잔뜩 나서 "누가 좀 경찰을 불러 이 여인을 끌어가도록 하시오" 했지만, 어느 누구 한 사람도 이에 응하는 사람은 있었다. 손님들 가운데 어떤 이는 눈물을 흘리며 죄를 회개하는 자도 있었으며, 그 집을 떠나올 때에는 핍박하던 주인까지도 감화를 받고 이전과는 정반대로 "또 오십시오"라고 공손하게 인사까지 할 정도가 되었다고 한다.

바로 얼마 전에 그녀가 하루저녁에 78부의 신문을 팔았을 적에도 어느 술집의 주인은 문전 박대를 했었으나 그에 불구하고 그녀는 웃으면서 억지를 쓰고 들어가 "예수 나를 위하여 하늘에서 기도해……" 라는 구세군가를 부르니 한 청년이 일어나 소리를 높여 하는 말이 "아, 그 노래는 나의 어머니께서 평소 늘 즐겨 부르시던 노래다. 아아, 내 사랑하는 어머니는 하늘나라에 계신데 나는 이렇게 타락해 술집을 방황 하는구나" 하면서 흐느껴 울기 시작했다. 그렇게 보면 필립 여 병사는 단지 훌륭한 구세신문팔이일 뿐만 아니라 가장 역량 있는 자급 전도부인이라고 해도 과언이 아니다. 그리고 그녀는 하인의 일을 맡아 하면서 동시에 구세신문을 들고 술집 공격을 하여 때로는 놀라운 공적을 세우며 또 기타 자선·박애사업에도 정성을 바쳤다.

일찍이 기부금 상자를 들고 자기가 속해 있는 영문을 위해 근처의 집들을 찾아다니며 20여 엥을 모금해서 180명의 가난한 집

아이들에게 좋은 음식을 나누어 먹인 일이 있었고, 또 두어 달 전에는 구세신문을 팔면서 큰 흉년이 들어 굶주리고 있는 인도 국민들에게 보낼 모금을 하던 중, 어느 술집에 들어가니 주정꾼이 "너는 인도의 흉년을 빙자해서 네 주머니를 채우는거지?"라고 힐난하므로 그 일당의 술주정뱅이들과 더불어 경찰서까지 가서 시비를 가리지 않을 수 없게 되었는데, 경찰서에서는 벌써 부터 그녀의 인품을 잘 알 뿐더러 방금 얼마 전만해도 경찰서 직원 일동이 그녀에게 기부금을 냈던 터였으므로 술주정뱅이들은 도리어 무안하게 되어 그들도 얼마씩의 성금을 내고 경찰서를 나갔다는 이야기도 있다.

며칠 전 어느 구세군 사관은 일부러 그녀에게 찾아가 어떻게 해서 그렇게 성공적으로 활동할 수가 있는가? 그 비결을 가르쳐 달라고 요청을 했더니 그때 그녀의 대답은 아주 간단했다. "다만 때와 장소에 따라 하나님께서 가르쳐 주시는 대로 실행에 옮길 뿐입니다"라고 했다는 것이다. 말할 것도 없이 그녀의 쾌활한 행동, 대담한 성격, 또 예수를 위해서 거리낌 없이 찬송을 부르고 외치는 등의 행위 모두가 그의 활동에 도움이 되는 것이지만, 더욱 중요한 것은 오직 그녀가 모든 일을 하나님께 맡기고 그 인도하심에 따라 싸울 뿐, 절대로 인간의 잔꾀를 사용하지 않는 데 있다. 그렇다. 이것이 그녀의 성공의 비결이다.

생각건대, 구세군의 구세군다운 점은 부스 대장 한 사람의 힘에 있는 것이 아니며, 그 조직, 그 주장에 있는 것도 아니고 남의 집의 종이거나 상점의 점원이거나 공장의 직공이거나 운전사나 농부를 막론하고 혈(血) 화(火)의 정신으로써 담대히 믿음의 선한 싸움을 싸우는 데에 있다. 예를 들면 앞에서 말한 여 병사 필립과 같은 인물의 힘에 말미암은 바가 가장 크다고 하겠다. 일어나라! 믿음의 선한 싸움을 싸우라! 우리 믿음의 군인 여러분, 여러분 중 대부분은 모두 필립 여 병사보다는 몸이 자유롭고 훨씬 유리한 환경에 처해 있고, 보다 큰 은혜 속에 살고 있으며 능력이 있는 사람들이 아닌가. 왜 필립 여 병사 모양 활동하지를 못하며 그보다 뛰어난 활약을 못하는가?" (「도키노 고에」 제47호)

"이르시되 어떤 사람이 큰 잔치를 베풀고 많은 사람을 청하였더니 잔치할 시각에 그 청하였던 자들에게 종을 보내어 이르되 오소서 모든 것이 준비되었나이다 하매 다 일치하게 사양하여 한 사람은 이르되 나는 밭을 샀으매 아무래도 나가 보아야 하겠으니 청컨대 나를 양해하도록 하라 하고 또 한 사람은 이르되 나는 소 다섯 겨리를 샀으매 시험하러 가니 청컨대 나를 양해하도록 하라 하고 또 한 사람은 이르되 나는 장가 들었으니 그러므로 가지 못하겠노라 하는지라. 종이 돌아와 주인에게 그대로 고하니 이에 집 주인이 노하여 그 종에게 이르되 빨리 시내의 거리와 골목으로 나가서 가난한 자들과 몸 불편한 자들과 맹인들과 저는 자들을 데려오라 하니라. 종이 이르되 주인이여 명하신 대로 하였으되 아직도 자리가 있나이다. 주인이 종에게 이르되 길과 산울타리 가로 나가서 사람을 강권하여 데려다가 내 집을 채우라. 내가 너희에게 말하노니 전에 청하였던 그 사람들은 하나도 내 잔치를 맛보지 못하리라 하였다 하시니라" (누가복음 14:16~24).

5. 성령을 받으라

신앙생활에서 또 하나 중요한 것은 성령을 받는 일이다.

첫째 성령은 사람의 마음을 정결케 한다

세례 요한은 그리스도보다 약 반년 정도 앞에 세상에 나타나 몸에는 낙타털의 옷을 입고, 허리에는 가죽 띠를 띠고, 메뚜기와 석청을 먹으며 이상한 모습을 하고 광야에서 많은 사람들을 모아 놓고 사람들의 죄를 책망하고 회개할 것을 외치면서, 만일 진심으로 회개하고 하나님께로 돌아오는 자가 있으면 회심의 표시로 그 사람을 물속에 들어가게 하고 함께 기도를 하고는 했다. 이 요한이라는 자는 "나는 물로써 세례를 주거니와 장차 그리스도께서 오시면 그는 성령과 불로써 너희 마음속의 더러운 것들을 모두 살라 없애리라"고 전파하고 있었는데, 과연 얼마 되지 않아서 구주 예수께서 세상에 나타나서 3년 동안의 공생애를 마치시고 십자가에 달리심으로 죄인의 죄를 구속하셨을 뿐만 아니라, 성령을 보내 주셔서 사람들의 마음을 새로 나게 하시며 마음을 정결케 하는 도(道)를 세워 놓으신 것이다. 성령은 말하자면 불이 모든 더러운 것을 태우는 것처럼 인간의 마음속의 죄악을 뿌리째 태워 버린다. 성령으로 말미암아 깨끗케 된 자는 이 세상에서 죄를 범하지 않는 생활을 보내게 되니 예수께서 말씀하시기를 "여자를 보고 음욕을 품는 자마다 마음에 이미 간음 하였느니라" 하였으니 이와 같이 엄격한 계명은 실로 사람만의 힘으로는 지키기가 어렵지만, 오직 성령으로 새로 난 사람은 능히 지킬 수가 있다.

성서에 나오는 에녹은 300년 동안을 온전히 하나님의 뜻을 행하며 하나님과 동행한 일이 있었고, 구세군의 부스 대장과 같은 이는 구세군을 창설한 위대한 인격으로 성령을 받은 사람들이면 누구든지 에녹과 같은 거룩한 생활은 결코 불가능한 일이 아니다.

둘째, 성령은 우리들을 가르치고 인도한다

성령은 가장 능력 있는 우리의 교사이다. 매사에 우리들을 가르치고 인도하신다.

조지 폭스가 19세 때, 어느 날 자기 사촌 형과 한 친구와 함께 산책을 하다가 그 두 사람 때문에 음식점에 들어갔다. 그 때 두 사람은 "오늘은 서로를 축하하기 위해서 마시는 터이니, 우리 세 사람 중에 아무나 이 축배를 들지 않는 사람이 있다면 그 사람이 오늘 술값을 내도록 하자"고 제의했다. 그러나 폭스의 양심은 아무튼 술을 마시는 것을 허락하지를 않았다. 도리어 사촌과 친구가 기독교 신자이면서도 자기들이 마시는 것도 좋은 일이 못 되는데 남에게까지 억지로 마시도록 권하는 그 이유를 이해할 수가 없어서 “그렇다면 이 계산을 내가 하지”하고 돈을 꺼내 그 곳에 내 던져 놓고 집으로 돌아가서, 이 일에 관한 한 어떤 것이 하나님의 뜻인가를 밝히 보여 주십사고 간절히 하나님께 기도할 때, 성령이 폭스의 마음에 깨달음을 주신 것은 이러했다. “지금 청년은 헛된 영화를 찾으며 노인은 세상의 일만 찾으니, 너는 이 같은 노인이나 청년을 떠나 완전히 이방 사람처럼 되어 버려라”고 하는 것이었다.

이 폭스가 곧 훗날에 ‘프렌드파’(親友會)의 창시자가 된 사람인데 다른 교파보다 더욱 성령의 인도하심에 따라 모든 만사를 행했던 것이다. 죠지 뮬러는 그의 고아원의 수천 고아들을 위해 매일 하나님께 기도함과 동시에 비록 작은 일이라도 꼭 하나님과 상의해서 해결책을 찾아냈다고 하는데, 예를 들면 방 열쇠를 잃고 찾을 때도 하나님의 가르침을 받았다고 한다. 우리들은 우리의 하는 모든 일을 다 성령의 인도하심을 받아 이를 해야만 한다.

구세군 병사로서 코이시카와(小石川)에 사는 소금장사집 부인이 2년 전에 이런 이야기를 한 적이 있다. 『나는 지난달 말 부터 집을 비우고 나가 달라는 재촉을 받아 왔다. 이는 가옥 관리자가 바뀐 관계로 우리뿐만 아니라 근방사람들도 모두 집을 비워 주어야 하게 되었다. 그리하여 다른 사람들은 즉시 마땅한 집을 구해 이사를 했는데도 오직 우리만은 예수쟁이라 하여 집을 빌려 주려는 사람이 없었다. 그럭저럭 지내는데 지난 달 21일에는 내일은 꼭 비워야 된다는 독촉을 받았으나 이사 갈 집이 마련되지 않고 있으므로 도리가 없어서 무릎을 꿇고 하나님께 "오늘 해가 지기 전에 이사 갈 집을 찾게 해 주십시오...." 기도를 하며 그날 밤 단식기도를 할 계획으로 간절한 기도를 했다. 기도를 끝마치려고 하는데 갑자기 친분이 있는 고물상 주인이 집 앞을 지나치면서 "아주머니, 오토화(音羽) 구세군영문 못 미쳐서 빈 집이 났어요" 하는 것이었다. 그 때에 나는 하나님께서 내 기도에 응답하신 줄로 알고 즉시 그 집을 찾아가 보니, 그 집은 빈 집이 아니라 아까 그 집 주인이 자기 집에 있는 물건들을 달구지에 싣고 팔러 나가는 것을 그 고물상 주인이 목격하고 이사 가는 것으로 착각을 한 것이었다. 나는 이로 인해 조금 실망은 되었지만, 하나님께서 내 기도 바로 끝에 나를 여기까지 불러내신 데는 반드시 어떤 의미가 있으리라는 생각이 들어, 다시 앞으로 나아가 출옥인 구제소(出獄人救濟所) 앞을 지나 조금 더 가자니 빈 집 한 채가 눈에 띄었는데 이것은 얼마 전 태풍 때 지붕이 바람에 몽땅 날아가 버려서 사람이 살지 않은 채 비어 있는 집이었다. 도리가 없었으므로 잠깐 그 집 앞에 서서 하나님을 생각하고 있는데, 그 주변에 사는 나를 아는 사람이 "소금집, 당신 거기서 뭘 하고 있는 거요?"하고 소리를 지르는 것이 아닌가. "나는 지금 하나님께 집을 하나 찾게 해 달라고 기도하고 있습니다" 하고 대답을 하니, 그는 웃으면서 "무어라고, 참 우스운 아주머니군, 빈 집이라면 저 건너에도 하나 있던 걸"하고 알려 주었으므로 거기로 가 보니 그것은 마치 우리가 살기에 알맞은 집이었다. 그리하여 곧 그 집을 빌리기로 하고, 다음 날 아침 일찍 이사를 함으로써 가옥 관리자에게 창피도 당하지 않고 구제소도 가까워서 이전보다 하나님의 말씀을 들을 기회가 더욱 많아졌으므로 하나님의 은혜를 더욱 감사했다』고 말했다.

어떤 사람이 말하기를 "우리의 걱정과 수고는 하나님 앞에 부끄러움이 없는 걱정과 수고가 되어야 하며, 이처럼 정결한 걱정과 수고라면 하나님께 맡기는 것이 옳은 줄로 생각 된다"고 했다. 그러므로 우리들은 만사에 성령의 인도하심을 기도할 일이다.

셋째, 성령은 인간에게 능력을 주신다

성경에는 "하나님께서 세상의 미련한 자들을 택하사 지혜 있는 자들을 부끄럽게 하시고 세상의 약한 것들을 택하사 강한 것들을 부끄럽게 하시며, 하나님께서는 세상의 천한 것들과 멸시받는 것들과 없는 것들을 택하사 있는 것들을 폐하려 하시느니라" 하셨는데, 하나님께서는 종종 일부러 무학 무식한 사람을 택하사 성령의 능력을 주어 큰 사업을 성취케 하신다. 그러므로 그리스도의 제자가 된 사도들도 대부분이 정식 교육을 받은 학자는 없고, 도리어 새까맣게 그을려 가지고 고기나 잡던 어부 또는 세리였으며, 그밖에 평범한 사람들이었는데, 그래도 모두가 하나님의 성령에 의해서 아주 큰 활약을 했다. 이른 바 "사도행전은 성령행전"이라고 누군가가 말했을 정도로 성령은 이 사도들과 함께 끊임없는 역사를 한 것이다.

존 번연은 불학무식한 일개 땜장이었지만 성령의 감동을 받아 〈천로역정〉 이라는 유명한 책을 저술했는데, 이 책은 저술한지 2백 수십 년이 지난 오늘까지도 모든 박사 학자들의 저서 보다 전 세계인들에게 훨씬 많이 읽혀지고 있다.

어느 날, 어떤 신사 한 분이 구세군의 캐더만 부장(副將)에게 찾아와 첫 대면 인사를 하자, 부장은 "아니, 저는 이전에 당신의 댁에 간 일이 있습니다"고 말하니, 그는 "언제 무슨 일로 오셨었는지 도무지 기억이 안 납니다"고 반문을 해왔다. 부장은 웃으면서 "내가 아직 구세군 사관이 되기 전에 당신 집에 굴뚝 청소 차 간 적이 있습니다"고 말했다고 한다. 굴뚝 청소나 하러 다니던 사람을 택하사 인간을 구원하는 구세군의 용감한 장군이 되게 하신 하나님을 찬송하리로다. 아멘.

하나님은 이와 같이 배운 것이나 아는 것이 없는 보잘 것 없는 사람들조차도 사용하실 정도이니 학문을 알고 재주 많은 사람을 거룩하게 하사 쓰신 예가 많은데, 예를 들면 성서에 있는 사도 바울 등이 그 표본이다. 마침내 "힘 있는 자를 쓰시는 것이나 힘없는 자를 쓰시는 것이나 하나님께는 다 마찬가지니라"(역하 14:11 일어판 직역). 오직 그 마음 문을 활짝 열어서 영혼의 안방에 하나님의 성령을 영접해 들이는 자라야 가장 큰 능력과 은혜를 받게 된다. 성령이 우리 마음속에 임재 하실 때, 정욕이나 죄악이라는 선객(先客)과 합숙하게 한다든지, 또는 그런 것들에게 객실을 선대해주고, 성령을 뜰아래에서 영접하는 자들은 화가 있을 것이니, 우리들은 마음을 비워서 하나님께 기도함으로 성령의 충만하심을 받아야 한다. 하나님은 진정으로 구하는 자의 마음에 성령을 주시는 것이다.

"사도와 함께 모이사 그들에게 분부하여 이르시되 예루살렘을 떠나지 말고 내게서 들은 바 아버지께서 약속하신 것을 기다리라. 요한은 물로 세례를 베풀었으나 너희는 몇 날이 못되어 성령으로 세례를 받으리라 하셨느니라. 그들이 모였을 때에 예수께 여쭈어 이르되 주께서 이스라엘 나라를 회복하심이 이 때니이까 하니 이르시되 때와 시기는 아버지께서 자기의 권한에 두셨으니 너희가 알 바 아니요 오직 성령이 너희에게 임하시면 너희가 권능을 받고 예루살렘과 온 유대와 사마리아와 땅 끝까지 이르러 내 증인이 되리라 하시니라" (사도행전 1:4~8).

"너희가 악할지라도 좋은 것을 자식에게 줄 줄 알거든 하물며 너희 하늘 아버지께서 구하는 자에게 성령을 주시지 않겠느냐 하시니라" (누가복음 11:13).

제 5 장

우리의 직분

인간의 세상살이는 물레방아와 같은 것이다. 만일 물레방아 전체가 물속에 들어가 있다면 제 기능을 다 할 수 없으며 또 전체가 물 밖으로 나와 있어도 제 기능을 다하지 못하는 것같이 세상의 물질주의와 경박한 사회풍조 만을 맹종하는 사람들은 마치 물레방아가 물속에 잠겨 있는 것과도 같아, 오로지 세속의 탁류에 휩쓸려 떠내려 갈 뿐이다. 또 이 인간 세상을 부세(浮世)라든가 고해(苦海)라고 하여, 세상을 등지고 삭발 입산(削髮入山)하는 등의 사람들은 마치 물레방아 전체가 물 밖으로 나와 있는 것과 같다고 하겠다. 물레방아는 아랫부분의 일부가 물속에 들어가서 그 물이 흐르는 방향에 따라 돌아가는 한편, 윗 쪽의 대부분은 물 밖으로 나와 있어서 물과는 반대 방향으로 흘러감으로써 비로소 물레방아로서의 역할을 할 수가 있게 되는 것이다.

그리스도의 병사의 생애도 마치 이 물레방아처럼 그 몸은 이 세상 가운데에 두고 사람들과 매일 매일 일상생활을 하면서 그 마음으로는 참 하나님을 공경하며 이 세상 죄에 항거, 맑고 바르게 세상을 살아간다. 그리스도의 병사는 이 세상에 살지만 이 세상에 속한 것은 아니다. 이 세상의 죄를 두려워하여 산 속으로 도피하는 비겁한 행동을 하지 않을 뿐더러 오히려 이 세상 죄를 박멸하기 위해 싸우는 사람들이다. 즉 예수께서 그 제자들을 위해 기도하시기를 "내가 비옵는 것은 저희를 세상에서 데려 가시기를 원함이 아니요, 오직 악에 빠지지 않게 보전하시기를 위함이니이다" 하신 것은 이런 뜻에서이다. 나는 이제, 구원받아 하나님의 군대에 속해진 우리들이 이 세상을 살아가는데 유의해야 할 점 몇 가지에 대해 생각해 보고자 한다.

1. 너희는 세상의 소금이라

예수께서 어느 날 제자들에게 "너희는 세상의 소금이니라"고 말한 일이 있다. 이 말씀은 비록 간단하지만 그 가운데는 여러 가지 좋은 교훈이 내포되어 있다.

첫째, 소금의 중요성은 그 빛이 희다거나 그 결정(結晶)이 작은 데에 있는 것이 아니며, 오직 그 맛이 짠 데에 있는 것과 같이 우리 인간들의 중요성도 그 용모나 풍채나 직위의 높낮음이나 또는 수입이 많고 적음에 있는 것이 아니며, 오로지 그 신앙과 정신에 달려 있다고 하겠다.

옛날 사울이라는 이스라엘 왕은 풍모가 의젓한 호걸남아로서 "키가 모든 백성보다 어깨 위는 더 있더라" 하였듯이 훌륭한 인물이었으나, 그가 불행히도 하나님을 거스려 마음대로 행함으로써 벌을 받아 그의 왕위를 당시 22, 3세 밖에 안 되는 약관 다윗이 계승하게 되었는데, 이에 대해 하나님께서는 "나의 보는 것은 사람과 같지 아니해서 사람은 외모로 보거니와 나 여호와는 중심을 보느니라" 하였다. 언젠가 흑인 한 사람이 영국 구세군 집회에서 간증하기를 "나의 얼굴은 여러분이 보시는 바대로 시커멓지만 내 영혼은 그리스도의 피로 씻겨져서 눈보다도 희답니다" 한 것처럼, 우리들의 외모야 어떠하든지 가슴 속에는 보통 사람들이 갖지 않은 거룩한 정신이 반드시 깃들어야만 할 것이다. 누가, 무엇으로도 빼앗을 수 없는 신앙의 주의와 송백 같은 절개, 이런 소금의 짠 맛이 있어야 한다.

둘째, 소금이라는 것은 이것을 그릇에 담아 두기만 해서는 아무런 역할도 못하는 것이며, 다른 음식 속에 넣을 때 비로소 소금의 직분을 다 하게 된다. 이처럼 예수의 군병 된 자들도 반드시 이 바쁜 사회에 나가서 제각기 자기 직분에 충실하며, 우리 대장 되시는 예수의 정신과 주의를 실행에 옮겨야 할 것이다. 결코 옛날의 도사(道士)나 은사(隱士)들처럼 세상으로부터 버림받아 쓸모없는 인간이 되어서는 안 된다.

셋째, 소금의 효능은 정결하게 하는 일, 부패를 방지하는 일, 또 무나 파나 감자 고기 등, 모든 음식물 속에 들어가 여기에 짠 맛을 나게 하는 일이다. 이와 같이 우리들이 살아가는 세상 속의 죄를 정결케 하고 또 풍속의 부패, 타락을 방지하여 모든 인간 사회에 하나님의 뜻을 폄으로 그에게 영광을 돌려야 할 것이다. 옛날에 플랭크린은 젊었을 때부터 매우 도덕적인 사람으로, 그가 영국에서 활판 인쇄업에 종사할 때에도 한 잔의 술도 입에 대지 않고, "당신들은 보릿가루를 물에 섞어 마심으로 기뻐하나 나는 보리를 먹고서 물을 마신다"면서 남들은 맥주를 마실 때도 자기는 혼자 빵을 먹고 물을 마시곤 하였다. 그리하여 많은 친구들이 물 마시는 미국 사람이라는 별명까지 붙일 정도였는데, 이 물 마시는 미국인의 강인한 의지는 차차 다른 사람들을 감화시켜 그 공장에 있는 사람들 가운데 플랭크린을 본 받아 술을 끊는 사람이 많이 생겨 났다고 한다.

조지 폭스는 구둣방을 경영하고 있을 때, 약속을 매우 중요시하고 일에 성실했으므로 많은 사람들로 부터 신임을 받고 있었다. 그러므로 그의 말은 곧 '보증수표' 와도 같다는 사실은 그 때 그를 아는 사람이면 모두 아는 터였다. 클라드 스톤은 대학에서 공부할 때, 그의 성품이 고결하였으므로 동창들 가운데 어떤 이들은 글란스톤에게 감화를 받아 기독교신자가 된 자들도 있었다고 한다.

이요(伊予)의 이마바리(今治)라는 곳에 교회의 기초를 닦은 사람들 중에 철물공 타다(忠)라는 사람이 있었는데, 매일 철판을 두들기며 진땀을 흘리면서 부지런히 일을 했고 기회만 있으면 누구에게나 주저하지 않고 전도를 하였기 때문에, 그 무렵 그 지방 사람들 중에는 "철물공 타다는 부처거나 공자거나 쇠못이거나 마구 두들긴다"라고 노래를 부르는 사람이 있었다.

이와 같이 우리들은 그 매일의 생활 속에 신앙주의를 주입시켜야만 한다. 어떤 사람이 어느 염색소 주인에게 "당신은 어떻게 해서 이렇게 훌륭하게 염색을 할 수가 있습니까?"하고 물으니, 염색소 주인이 대답하기를 그것은 "뇌(髓)를 집어넣어 조합하기 때문이오"라고 했다고 한다. 그와 마찬가지로 우리들은 우리가 하는 일에 우리의 신앙심을 주입시켜 보통 사람들이 할 수 없는 알맹이 있는 일을 성취시켜야 하겠다. 이런 마음가짐은 말할 것도 없이 우리의 모든 인간관계에서, 또 모든 일을 처리하는 과정에서 당연히 가져야 한다.

어느 학식 많은 설교자가 그 근방에 살고 있는 법률가를 신앙에의 길로 인도하려고 마음먹었는데, 다행히도 그 법률가는 매 주일날 마다 빠지지 않고 집회에 참석했으므로 어떻게든 그를 설복시키가 위해 특별히 이치에 맞는 설교문을 작성하여 설교를 한 때도 더러 있었다. 그런데 그 후 오래지 않아 이 법률가가 신앙의 결심을 표명하므로 그 설교자는 기쁨을 감추지 못하고 "그것 잘 됐습니다. 진심으로 기뻐할 일입니다. 그런데 당신이 그 같은 결심을 하게 된 것은 어떤 설교에 특별히 감동이 된 것 같은데 어떤 설교였는지 내가 한 번 알아 맞혀 볼까요?"라고, 말하자, 그 법률가는 얼굴에 묘한 표정을 지으며 "아니 나는 별로 어떤 설교에 감동을 받았다고 단언할 수는 없습니다. 그러나 믿음에 관해서는 일찍부터 생각해오던 터였으므로, 특히 지난 주일 낮 예배를 마치고 돌아갈 때에 흑인 여자인 안나가 다리를 절면서 간신히 돌층대를 내려가는 모습을 보고 민망한 생각이 들어 손을 좀 붙들어 주었더니 그는 기뻐서 내 얼굴을 쳐다보고 하는 말이 '당신도 우리 주 예수를 사랑하십니까?'라 했는데 그 열성 어린 음성은 나에게 마치 예수그리스도 자신의 음성을 듣는 것처럼 느껴져서 여러 가지로 생각하던 중 나의 마음에 있던 의심도 자연히 풀리게 되어 마침내 믿기로 결심한 것입니다"라고 말했다. 이와 같이 독실한 신자의 말 한마디나 행동은 때로는 대 설교가의 설교에 못지않게 사람을 감화시키기도 한다.

고슈(江州) 미쓰이 사찰(三井寺) 경내에 '벤께이(辯慶)떡'이란 것을 파는 가게가 있었다. 오래 전 어느 날, 어떤 사람 하나가 이 가게에 찾아 와서 떡을 사 먹으며 호수의 경치를 구경하고 있는데, 5, 6명의 학생이 몰려 들어오더니 제각기 한 그릇 또는 두 그릇 씩 벤께이 떡을 사 먹고 각기 자기 주머니를 뒤져 그 먹은 떡 값을 내 주고는 돌아갔다. 그런데 그 떡 집 주인은 그 돈을 헤아려 볼 생각도 않고 앉아 있으므로 먼저 들어와 떡을 사

먹고 있던 그 손님이 이상히 생각하여 "저렇게 젊은 학생들이 제 멋대로 먹고 돈을 내 던지고 셈도 아니하고 가 버리면 약간 틀리는 수도 있지 않아요" 하고 물었다.

떡장수 아주머니는 서슴지 않고 대답하기를 "웬걸요. 저 청년들은 교오도의 기독학생회 회원인걸요." 하는지라. 이 대답을 들은 손님들은 그제야 비로소 기독교가 사람을 감화시키는 힘이 그만큼 크다는 사실을 깨닫고 마음에 큰 감동을 받아 집에 돌아온 후 시험 삼아 이웃에 있는 전도자를 찾아 교리를 물어보니 더욱 마음이 끌리므로 즉시 회개하고 열심으로 주를 섬기는 일꾼이 되었다고 한다. 성경에 "그러므로 너희가 먹든지, 마시든지, 무엇을 하든지 다 하나님의 영광을 위하여 하라" 한 것은 이를 가리킨 말일 것이다.

옛날에 하나님께서 '소돔과 고모라' 라고 하는 죄가 가득한 두 도시를 멸망시킴에 있어 "만약 이 성 가운데 의인 열사람만 있을지라도 그 의인 열 사람을 인하여 멸하지 아니하겠으나 그도 없으므로 멸할 수밖에 없다"고 말씀하신 바 있는데 우리 그리스도의 병사들은 이른 바 그 열 사람의 의인의 수효 가운데 들어가야만 할 것이다. 세상의 많은 사람들은 오직 죄와 악마의 종이 되어 있는 때에 우리들은 의연히 믿음에 서서 그 죄에 반대하고, 그 부패를 방지하고, 하나님의 뜻을 매일의 일상생활 속에 나타내어서 다른 사람들까지도 감화시키는 땅의 소금의 역할을 다하여야만 하겠다.

"너희는 세상의 소금이니 소금이 만일 그 맛을 잃으면 무엇으로 짜게 하리요 후에는 아무 쓸 데 없어 다만 밖에 버려져 사람에게 밟힐 뿐이니라. 너희는 세상의 빛이라 산 위에 있는 동네가 숨겨지지 못할 것이요 사람이 등불을 켜서 말 아래에 두지 아니하고 등경 위에 두나니 이러므로 집 안 모든 사람에게 비치느니라. 이같이 너희 빛이 사람 앞에 비치게 하여 그들로 너희 착한 행실을 보고 하늘에 계신 너희 아버지께 영광을 돌리게 하라" (마태복음 5:13~16).

2. 먼저 그(하나님)의 나라를 구하라

사람의 몸에는 눈도 있고 입도 있으며, 손도 있고 발도 있어서 비로소 온전한 사람의 구실을 하는 것처럼, 이 세상에는 상인도 있고 직공도 있고 농사 짓는 사람도 있고 선원도 있으며, 학자도 있고 공무원도 있어서 비로소 원만해지는 것이다. 그러므로 하나님께서는 일부러 지혜와 역량, 재능 등이 서로 다른 사람을 인간 세계에 지어 놓고, 각각 다른 직업, 직분이라는 것을 받아서 거기에 힘을 다하도록 해 놓았다. "빈부가 섞여 살거니와 무릇 그들을 지으신 이는 여호와시니라" 함은 이를 말함이요, 인력거를 끄는 자도 있고 거기 타는 자도 있으며, 다스림을 받는 자도 있고 다스리는 자도 있으며, 품을 파는 자도 있고 품꾼을 부리는 자도 있으며,

농사를 지어 쌀을 파는 자도 있고 사 먹는 자도 있는데, 세상살이 하는 것이 마치 광대가 마구 지껄이는 말처럼 위에 윗자리도 있고 아래에 아랫자리도 있는 법이니, 인력거를 탔다고 해서 훌륭한 것도 아니요 끈다고 해서 못하다고 할 수도 없으며, 또한 쌀을 사 먹는다고 해서 귀한 것이 아니며 농사를 짓는다고 천한 것도 아니다.

인간의 높고 낮은 것은 그 직업에 따라 결정되는 성질의 것은 아니고 그 직업에 임하는 마음가짐에 따라 결정되는 것이다. 그러므로 영국의 해군 사령관 넬슨은 일찍이 "나는 비록 작은 배 한 척을 맡겨 주거나, 온 영국의 함대를 맡겨주거나 같은 모양으로 나라에 충성을 다 할 각오이다"라고 말했으며, 충신(忠臣) 구라의 테라오카 헤이에몬(寺岡平右衛門)은 그 가신(家臣) 오오이시 요시오(大石良雄)에게 말하기를 "1천 5백석 받는 당신이나 다섯 량으로 3인 부양을 하는 나나 매달린 목숨은 한가지며, 은혜의 높고 낮음은 없으므로 신발을 들고 가든지 짐을 둘러메고 가든지 원수 갚는 이 싸움에 동참하게 하옵소서" 이렇게 말했다고 한다. 그러므로 우리들은 자기의 직분이나 직업을 부끄러워해서는 안 되며, 그것이 어떤 성질의 것일지라도 오직 풍성하신 은혜를 베풀어 주신 하나님께 대해서 감사하는 마음으로 성실히 또 부지런히 나의 본분을 다하기에 충실할 것이며 이 점에 있어서만은 어느 누구에게도 뒤지지 않도록 활동하려는 각오가 무엇보다도 중요한 것이다. "임금을 위해 장작도 쪼개고 땔나무도 팔고, 밤 국수도 팔아 자기 몸을 아끼지 않던 의사의 활동이여" 옛날 47인의 의사가 그 임금의 원수를 갚기 위해 천신만고 끝에 기어이 그 목적을 달성했던 것처럼 우리들은 하나님께 영광을 돌리고, 이 세상에서 하나님의 뜻이 이루어지기를 위해서 목수도 되고, 미장이도 되고, 함석공도 되고, 고용인도 되고, 노동자도 되고, 사관(士官)과 병사(兵士)도 되어서 각각 자기 직분을 다하기 위해 일할 것이다.

노동은 우리들에게 있어서 죄의 결과가 아니고 하나님의 은혜이니 우리에게 무거운 짐이 아니요, 즐거움이다. 노동은 우리가 하나님께 드리는 기도, 감사, 또는 찬미라고도 할 수가 있는데, 옛적부터 신앙심이 두터운 사람들은 모두가 가장 열심으로 자기 직업에 충실했던 자들이다. 그러므로 성서는 거룩한 노동자의 열전(列傳)이라고 해도 과언이 아닐 것이다. 곧 신앙의 조상이라고 불리는 아브라함은 많은 양을 먹였으며 그 자손 이삭과 야곱 등도 모두 한 가지로 양을 먹였고, 야곱의 아들 요셉이 남의 가사를 맡아 볼 때나 또 한 나라의 정치를 처리함에 있어 어떻게 충성하였으며, 지혜롭게 했던가는 성경에 밝히 드러나 있는 흥미 깊은 이야기가 아닌가. 그밖에 모세, 다윗, 아모스 등 성서 가운데 나오는 여러 인물들도 모두 한결같이 노동을 하고 있으며, 구주 그리스도는 친히 목수의 일을 했었고, 그 제자들도 노동하는 가운데서 선택함을 받았던 것이다. 이방인의 의사도 바울에 이르러서는 자신이 천막을 만들어 가며 전도했을 뿐 아니라, 때로는 게으른 신자들을 경계하여 "누구든지 일하기 싫어하거든 먹지도 말게 하라"고 까지 말한 적이 있다.

하나님의 뜻을 좇아 일하는 자에게는 참 평안과 즐거움이 있다. 가령 가난할지라도 다른 사람들이 예상도 못할 정도의 행복한 생활을 보낼 수가 있다. 아메노미야(雨宮)라고 하는 이는 철관(鐵管) 사건으로 인해 수감되어 있는데, 하루에 15분 간 씩 밖에 운동이 허락되지 않았으므로 교도관의 비위를 맞추어서라도 될 수 있는 대로 운동을 오래 하리라 생각하고 하루는 자기의 당번인 교도관에게 "당신은 이렇게 어려운 직책을 맡고 있으면서도 아주 박봉을 받는다지요. 내가 여기에서 풀려 나가면 될 수 있는 대로 당신을 돌보겠습니다"라고 말을 붙이자, 간수가 아메노미야를 돌아다보고 하는 말이 "도대체 당신의 재산이 얼마나 되오?"하고 물어 왔다. 그가 "약 230~240만 엥은 됩니다"고 대답을 하니 교도관은 웃으면서 "그렇게 많은 재산을 가지고 있으면서 그 꼴로 교도소에 들어오는 것 보다는 돈은 비록 없더라도 자유스러운 내 처지가 더 낫지 않소?"하더라는 것이다.

구약의 잠언에 "가산이 적어도 여호와를 경외하는 것이 크게 부하고, 번뇌하는 것보다 나으니라. 약간의 채소를 먹으며 서로 사랑하는 것이 살 찐 소를 먹으며 서로 미워하는 것보다 나으니라"고 하였다. 참 평안함과 행복이라는 것은 돈은 있고 예수가 없는 사람의 가슴에는 머무를 수 없으며, 가진 것은 아무 것도 없더라도 하나님 앞에 충성되이 그 직분을 다하는 사람들의 마음에 깃드는 것이다. 한 평생을 머리 둘 곳도 없이 동서남북으로 유랑하며 때로는 주리시기까지 하시면서도 "마음이 청결한 자는 복이 있나니", "의를 위하여 핍박을 받는 자는 복이 있나니"라고 가르치실 뿐 아니라, 마침내는 "가난한 자는 복이 있다"고 선언하신 예수님이야말로 오늘날 가난한 사람들이 하나님의 도우심으로 말미암아 비록 곤궁한 가운데서라도 행복하게 세상을 살아갈 수 있는 가장 좋은 증인이시다.

그 뿐만 아니라 하나님의 뜻을 좇아 일사불란하게 그 직분을 수행하는 자는 대개 그 생활이 차차 풍성해지게 되며 가계도 점점 부요해지게 된다. 근검절약으로 자수성가한 시오하라 다스케(塩原多助)라는 사람이 숯장사를 하고 있을 무렵, 하루는 자기 친구 중에 빈 통장사를 하는 사람에게 하는 말이 "그대는 통장사요. 나는 숯장사이므로 그대는 재주껏 통을 사 모으고 나는 부지런히 숯을 팔아야만 되는데, 이것이 하늘과 땅에 대한 봉사요, 숯장수는 숯장수, 통장수는 통장수, 군인은 군인, 공무원은 공무원, 아내는 아내, 남편은 남편, 이것은 모두 다 그 장본인의 덕, 부덕에 있는 것이므로 무엇이 되었든지 간에 자기의 직업에 충실 하는 것이 중요한 것이다. 돈을 모아야겠다는 욕심은 버리고 아무 것도 모으려고 생각지 말고 왜 나는 가난한가 하는 생각도 버리고 오직 충성되이 천지에 대해 봉사하는 자세로 부지런히 일할 것 같으면 천운에 따라 자연히 돈이 생겨지고 하늘이 그만큼의 즐거움을 누리게 하시는 것이니, 무언가 비뚤어진 생각으로 한꺼번에 일확천금을 꿈꾸어 너무 욕심을 내서는 안 된다"고 했다고 한다. 그러므로 앞에서 말한 "충성스레 천지에 대한 봉사를 한다"는 말은 이미 말한대로, '일사불란하게 하나님께로 부터 받은 직분을 다 한다' 함과 같은 것이다.

캐나다에서 목재왕이라 불리는 깁슨 씨는 처음에 물방앗간 일꾼이었으나 성공하여 오늘날에 와서는 혼자서 280마일에 달하는 철도를 경영하며 5,200 정보의 임야까지 소유하고 있는 부호가 되었는데, 어떤 사람이 그에게 그렇게 부자가 된 비결을 물으니 그가 대답하기를 "첫째는, 술을 마시지 않는 것이고, 둘째는 몸을 아끼지 않고 일한 것이며, 셋째는 하나님을 믿고 만사를 그의 뜻에 맡기고 기다리는 것이오. 이 밖에 부자되는 비결은 따로 없오" 하므로, 그 정도의 이치야 누군들 모르겠는가고 보다 구체적인 답변을 원하자 깁손은 "그렇소. 그 이치야 삼척동자도 잘 알고 있지만, 실행은 육십노인이라도 어려운 것이다"라고 대답했다는 것이다.

예수를 잘 믿게 됨으로써 술 친구들과 멀어진 한 노동자가 어느 날 이전에 단골로 드나들던 술집 앞을 지나니까 그 술집 주인이 나와서 붙잡으며 하는 말이 "웬 일로그동안 그렇게 오시지 않으셨오? 그처럼 일만 하시면 얼굴빛이 노래집니다"고 말하니 노동자는 주머니에서 금전 두어 개를 꺼내 보이며 하는 말이 "아마 그런가 봅니다. 주머니 속에 이런 시누런 것이 점점 많아지는 것을 보니…"라고 하더라는 것이다. 이(理)는 이(利)가 되며, 덕(德)은 득(得)이 된다. 또 "새 마음을 얻는 자는 따라서 새로운 옷이 생긴다"는 말도 있지만, 먼저 하나님의 나라와 그 의를 구하는 자에게는 의식(衣食)과 재산과 모든 소용되는 것들을 하나님께서 미리 아셔서 주신다는 사실은 오로지 신앙상의 의미로서 뿐만 아니라, 경제적인 면에 있어서도 명명백백한 이치인 것이다.

> "한 사람이 두 주인을 섬기지 못할 것이니 혹 이를 미워하고 저를 사랑하거나 혹 이를 중히 여기고 저를 경히 여김이라 너희가 하나님과 재물을 겸하여 섬기지 못하느니라. 그러므로 내가 너희에게 이르노니 목숨을 위하여 무엇을 먹을까 무엇을 마실까 몸을 위하여 무엇을 입을까 염려하지 말라 목숨이 음식보다 중하지 아니하며 몸이 의복보다 중하지 아니하냐. 공중의 새를 보라 심지도 않고 거두지도 않고 창고에 모아들이지도 아니하되 너희 하늘 아버지께서 기르시나니 너희는 이것들보다 귀하지 아니하냐. 너희 중에 누가 염려함으로 그 키를 한 자라도 더할 수 있겠느냐. 또 너희가 어찌 의복을 위하여 염려하느냐 들의 백합화가 어떻게 자라는가 생각하여 보라 수고도 아니하고 길쌈도 아니하느니라. 그러나 내가 너희에게 말하노니 솔로몬의 모든 영광으로도 입은 것이 이 꽃 하나만 같지 못하였느니라. 오늘 있다가 내일 아궁이에 던져지는 들풀도 하나님이 이렇게 입히시거든 하물며 너희일까보냐 믿음이 작은 자들아 그러므로 염려하여 이르기를 무엇을 먹을까 무엇을 마실까 무엇을 입을까 하지 말라. 이는 다 이

방인들이 구하는 것이라 너희 하늘 아버지께서 이 모든 것이 너희에게 있어야 할 줄을 아시느니라. 그런즉 너희는 먼저 그의 나라와 그의 의를 구하라 그리하면 이 모든 것을 너희에게 더하시리라. 그러므로 내일 일을 위하여 염려하지 말라 내일 일은 내일이 염려할 것이요 한 날의 괴로움은 그 날로 족하니라" (마태복음 6:24~34).

3. 구원은 건강을 가져 온다

예로부터 많은 종교들은 대개가 모두 그 신앙의 공덕에 의해서 신체가 건강해진다든가 낫는다는 것을 말해 왔으며, 혹은 유행병 퇴치를 위해 기도를 드리기도 하며 제사때 쓴 청수(종교의식 때 떠놓는 맑은 물)를 만병통치약으로 아는 자들도 있으며, 홍진이나 마마 신을 몰아내는 푸닥거리도 하며 병자의 베개 맡에서 소란을 피우는 등으로써 도리어 병을 더 하게도 되고, 또는 정체불명의 약을 넣은 금미당(金米糖)이라는 약품을 나누어 주다가 사직 당국에 걸려 든 자들도 있으며, 그 하는 말과 방법은 비록 다를지라도 믿는 공덕에 병이 낫는다고 말하는 것은 모두가 일반이다.

그러면 우리가 믿는 기독교는 어떤가. 우리는 한낱 병이 낫는 다든가, 돈을 잘 벌게 된다든가 하는 얕은 수작으로 세상의 어리석은 사람들을 유혹하지 아니하며, 우리들이 무엇보다도 강조하고 있는 바는 사람들이 그 죄를 회개하고 그리스도를 신앙함으로 하나님으로부터 죄의 용서와 거듭나는 은혜를 받고 변하여 기뻐하는 인생이 된다는 이 한 가지 점이다. 이것은 참으로 하나님을 믿는 마음의 터전이요 가장 중요한 조목이다. 이 길을 통하지 않고 인간이 하나님을 믿을 수는 없다. 그런데 사도 바울도 "경건은 범사에 유익하니 금생과 내생에 약속이 있느니라" 함과 같이 우리 영혼을 은혜롭게 하시는 하나님은 우리의 육체도 지키시는 하나님이시며, 또 병자나 불구나 같은 불행한 인간들을 찾아 주시는 구주시다. 그러므로 먼저 죄 사함을 받고 세상을 경건되이 살아가는 우리 기독교인들은 하나님의 광대무변한 은혜를 육체상으로도 받게 되는 것이다. 따라서 그리스도의 병사는 다른 사람들보다도 비교적 무병한데 가령 질병에 걸리더라도 곧잘 나으며 마음에 괴로움이라는 것이 없으니, 하나님의 아들 예수 그리스도는 옛날이나 지금에나, 병자들이나 또는 신체가 허약한 사람들의 가장 좋은 친구가 되신다. 할렐루야. 그러면 어떻게 그리스도를 믿는 사람들은 무병 건강하고 재앙이 사라지는가 알아보자. 여기에는 여러 가지 이치가 있다.

첫째로는, 진실로 그리스도를 믿는 자는 신경질적 질환이 없다. 옛날 중국에서 어떤 사람이 있었는데, 어느 날 친구의 집에 초대를 받아 가서 벽에 걸려 있는 활 그림자가 술잔에 비쳐 꼭 뱀처럼 보이는 것을 마시고 나서 병이 들었다는 이야기가 있다. 언젠가는 비젠(備前)의 오카야마현립(縣立) 병원에서 한 사람의 부인이 신경병으로 죽었는데, 죽기 바로 전에 "내 몸 안에 있는 기관들이 모두 뒤바뀌어져 있으니 내가 죽은 후에 꼭 해부해 주시오"라고 유언을 했기 때문에 이 부인의 희망에 따라 의사들이 해부해 본 결과 신체 조직에 별 다른 이상은 눈에 띄지 않았다고 한다. 이와 같이 세상 사람들은 스스로가 기분의 병을 만들어 연약하게 되고 신경성 질환을 일으키게 된다. 그러므로 콜레라가 걸린 것 같다고 생각하면 콜레라가 되며, 장티푸스에 걸리지나 않나 걱정을 하다 보면 장티푸스에 걸리게도 된다. 그렇지만 예수를 믿는 자들은, 하나님께서는 공연히 사람을 죽이지 않는다는 사실을 알며 그 머리털 하나라도 까닭 없이는 땅에 떨어뜨리지 아니하시는 줄을 앎으로, 참 신앙인의 가슴 속에는 그리스도께서 주시는 마음의 안정과 평안이 있어서 쓸데없는 근심 걱정을 하여 신경성 병을 유발시키거나 마음을 스스로 약하게 먹는 일 같은 경우가 드문데 이는 그리스도의 군병이 비교적 건강하고 설령 병이 들더라도 낫기가 쉬운 이유의 하나이기도 하다.

둘째로, 세상 사람들은 그 몸을 조심하지 않기 때문에 질병을 유발하고 그 정욕을 그대로 방치하기 때문에 몸을 망치는 수가 많다. 그러나 그리스도의 군병은 극기(克己)로써 그 욕망을 제어하기 때문에 병이 나는 경우가 자연히 적으며, 병에 걸리더라도 속히 고칠 수가 있다. 보시라, 술을 마시는 사람은 보험회사에서도 보험금을 더 받는다. 그래도 예수를 잘 믿는 자는 모두 금주가이다. 방탕함은 몸과 영혼을 망치는 행위이다. 그러므로 우리들이 쾌락에 빠지지 않는 것은 극히 평범한 도덕인 것이다.

지난 해, 오오사카(大阪)에서 콜레라 환자 349명에 대해 그 발병 원인을 조사한 결과 빙수나 기타 불량음료를 과음한 것이 원인인 사람이 90명, 생선이나 낙지·콩·두부 호박 같은 것을 과식한 때문에 발병한 자가 15명~20명으로 나타났는데, 결국 음식에 주의를 게을리함으로 콜레라병에 전염된 자가 48명인 것을 보건대 콜레라와 같은 전염병조차도 7명 중의 6명은 주의를 게을리 한 까닭에 그 병에 걸렸다 할 수 있겠다. 그리고 몸을 조심치 않음은 흔히 그 세치 혀의 정욕을 제어하지 못해서 온 몸을 불태운다는 사실을 생각할 때에 입과 배의 욕심도 무시못할 힘을 가진 것이 아닌가. 그렇지만 그리스도의 질병은 자기를 이기고 하나님을 힘입어 별로 힘들지 않게 그 욕망들을 억제시킬 수가 있다. 그러므로 세상 사람들보다 몸을 조심함으로써 자연히 질병에 걸리는 일이 적게 된다는 것은 분명한 사실일 뿐더러 그리스도의 병사는 설사 병에 걸릴지라도 묵묵히 모든 것을 하나님께 맡기고 그의 처분을 조용히 기다릴 줄을 안다.

한 푼에 팔리는 작은 참새 한 마리라도 하나님의 허락이 없으면 사람의 손에 붙잡히지 아니하며 우리 인류를 은혜로우신 하나님께서 보호하지 않을 리 없지 않겠는가? "천 사람이 내 우편에 엎드러지고 만 사람이 내 좌편에 쓰러질지라도 나는 하나님과 함께 있으므로 무서워할 바가 없다"는 것이 그리스도 군병의 각오이다.

마스다 유우코(增田勇子)라는 한 부인이 중병이 들어 복부수술을 세 차례나 해 치료를 받았는데 이렇게 위험한 병의 치료를 받는 동안에도 하나님께 생사를 온전히 맡기고 "그 (하나님)가 나를 죽일지라도 내가 그를 의지하리라"(욥 13:15)는 성경 말씀을 마음속으로 되뇌이면서 곁에서 간호해 주는 어머니에게 늘 웃는 낯을 보여주며 끝까지 참아 내서 의사들로 하여금 "과연 그리스도 신자로군" 하도록 감동시킨 바가 있다. 이와 같이 그리스도의 군병들은 일체의 만사를 하나님께 맡긴다. 그렇기 때문에 독실한 기독신자의 병 위문을 갔다가 도리어 병자로부터 위로를 받고 돌아왔다고 하는 경우 같은 예는 꽤 많은 것이다.

한마디로 말해 그리스도를 믿는 자는 어떻게 살고 어떻게 죽을까를 염두에 두고 있다. 따라서 하나님의 인도하심을 즐거워하며 묵묵히 보통 사람으로서는 견디기 어려운 일을 참고 자기 몸을 잘 돌볼 수가 있게 되는데, 이것은 신앙심이 깊은 사람들이 병중에서 체험하게 되는 신앙 상의 한 가지 덕이다. 그와 동시에 참 하나님은 살아 계시므로, 우리들이 모든 만사를 맡겨 버리면 그는 합동하여 유익하게 이루어 주시는 것이니, 지금도 밤낮으로 그의 마음과 뜻을 다하여 하나님께 충성을 다하는 사람이 신기하게도 불치의 병을 고침 받아 건강을 회복, 하나님의 종으로서 큰 몫을 다하는 사람들이 적지 않다.

추기경 뉴먼은 큰 병을 앓아 의사도 단념을 했었는데 그는 도리어 열정적으로 "나는 영국을 위해 충성을 다 하라는 하나님의 명령을 받았다. 그러므로 그것을 완성하기 까지는 결코 죽지 않는다"라고 말했는데, 과연 하나님께서는 뉴우먼의 생명을 구사일생으로 부터 구해 내 큰 역사를 이루게 하셨다. 구세군의 윌리엄 부스 대장 같은 이도 원래는 몸이 쇠약한

편이어서 17, 8세 때 전도사를 지망했을 무렵에는, 의사가 "그런 몸으로 전도사가 된다면 1년 이내에 죽게 될 것"이라고 말할 정도였다. 그런데도 80여 세까지 다섯 사람, 또는 일곱 사람 몫을 혼자서 감당했고, 언젠가 호주(濠洲)에서 이질에 걸렸을 때에도 겨우 일 주만에 나아 버린 일 등은 아무래도 예사 인간의 일은 아니다. 그것은 오직 하나님의 특별하신 능력에 말미암은 것이다. 어느 날 대장이 말하기를 "나는 지난 7년 동안 병이라고 할 만한 정도의 병으로 누워 본 적이 없으니 구원은 사람을 건강케 만드는 것이라"고 했다는데 참으로 구원은 사람을 건강하게 하는 것이라 하겠다. 영혼을 구원하시는 그리스도는 또 육체의 병도 고치시는 분이시다. "믿음의 기도는 병든 자를 구원하리니 주께서 저를 일으키시리라" 하신 것은 성서에 기록된 분명한 하나님의 약속이 시다.

> 너희 중에 고난 당하는 자가 있느냐 그는 기도할 것이요 즐거워하는 자가 있느냐 그는 찬송할지니라. 너희 중에 병든 자가 있느냐 그는 교회의 장로들을 청할 것이요 그들은 주의 이름으로 기름을 바르며 그를 위하여 기도할지니라. 믿음의 기도는 병든 자를 구원하리니 주께서 그를 일으키시리라 혹시 죄를 범하였을지라도 사하심을 받으리라. 그러므로 너희 죄를 서로 고백하며 병이 낫기를 위하여 서로 기도하라 의인의 간구는 역사하는 힘이 큼이니라" (야고보서 5:13~16).

---

4. 사랑은 가정에서 부터 시작된다

옛날에 그리스도께서는 세리 삭개오의 진정어린 회개를 보시고 말씀하시기를 "오늘 구원이 네 집에 이르렀다" 하셨고, 바울은 두려워 떨며 구원 얻기를 구하는 옥사장들에게 "주 예수를 믿으라. 그리하면 너와 네 집이 구원을 얻으리라" 하였으니 그리스도의 구원은 반드시 그 가정 속으로 끌어 들여야만 한다.

엄격히 말한다면 현재 일본에는 참 가정이라고 할 만한 가정은 너무 적고, 있다고 하면 그 가옥(건물) 뿐이요, 대합실이나 합숙소 같은 곳으로 변질된 것 뿐이다. 내가 어느 날 히가시호겐사(東本願寺) 주지인 모씨의 호적등본을 보고 그 첩과 서자의 수가 많음에 놀랐다. 그런데 이를 북부 지방에서는 생불(生佛)이라 하여 그가 목욕한 물 까지도 선남선녀들에게 주어 마시게 하는 종교가의 가정이 이 모양인가 하여 놀랐다. 이름 난 종교가로서도 이런 정도이니 일반 서민의 가정에 들어가면 이와 마찬가지로 첩을 두는 자도 있겠고, 기생들에게 빠져 놀아나는 자도 있을 것이며 외방 이성과 야합하는 자, 간통하는 자, 이혼하는 자, 부모자식 간의 불화, 고부(姑婦) 간의 갈등도 있을 것이며 술, 염문, 시기, 질투, 분노, 슬픔, 탄식, 심지어는 구타, 폭행, 살인 등의 대 참사까지도 종종 빚어지는 세상이다. 가정이란 마치 악마를 위해서 죄악과 지옥에 갈 사람들을 양성하는 곳처럼 생각된다.

수년 전 키쿠마치(麹町)시 주변에 있는 어느 여학교의 한 교사는 그 학생들에게 여름방학 중에 가정 일기를 쓰게 했는데, 나는 그 일기들을 읽어 보고 더욱 그리스도를 힘 입어 현재의 일본인의 가정을 구원할 필요성을 깨닫게 되었다. 그 중의 두 세 가지 예를 발췌하여 보여 주려고 한다.

『1일, 아침에 일어나서 꽃을 사러 나갔습니다. 돌아와 어머니에게서 1전을 받아 들고 다시 반찬거리를 사러 나갔습니다. 그리고 아침 식사를 하고 나서 조금 있다가 어머니한테 등짝을 얻어맞았습니다. 속이 상해서 이불을 뒤집어쓰고 잠이 들었습니다. 얼마 후 일어나서 세수를 하고는 아무 말도 않고 이웃집으로 놀러 갔습니다. 그로부터 얼마 후 데리러 왔기에 집으로 돌아와서는 한구석에 그대로 쓰러져서 잤습니다. 그리고는 아침을 먹으면서 언니와 다투었습니다. 그리고는 여동생을 데리고 나가면서 귀찮은 생각이 들어 빨리 따라오라며 때리곤 했습니다. 그리고 또 여동생과 또 그 아래 여동생과도 싸움이 벌어졌습니다. 나는 여동생과 싸울 때 마구 욕지거리를 해 댔습니다 ……… (중략) 어머니 보고 '바보'라느니, '할망구'라느니 욕을 하고, 아버지 보고는 '봉사'라고 퍼부었습니다. (하략)』

이 일기를 쓴 딸아이는 올 해 열네 살로 그의 아버지는 안마사였고, 어머니는 담배 장사를 하고 있으며, 한 1년 더 지난 후면 이 딸을 남의 집에 보내 월급을 받도록 하려고 한다는 것이다.

『21일엔 아침 일찍 일어나 할머니와 시비를 하고 낮에는 온 종일 화가 나 있었으며, 저녁엔 일찍 잤습니다. 28일은 아침부터 저녁까지 소설을 읽었습니다. 24일 아침 일찍 일어나서 머리를 땋아 달라면서 꽃 핀이 없다고 신경질을 부려 어머니에게 꾸지람을 들었으며 오후에는 뜨개질을 했습니다. 저녁에는 아다고의 집에 갔다가 밤늦게 돌아 왔습니다. 25일에는 아침에 늦게 일어나서 혼자 집안에서 놀다가 낮엔 친구들이 집 앞을 지나치다가 부르는데도 대답도 안했으므로 아버지에게 꾸중을 듣고, 밤엔 사당에 다녀와서 자 버렸습니다. 26일 아침 일찍 일어나서 뜰을 쓸고 심부름을 다녀 와서 뜨게질을 하고, 낮에는 로쿠지죠(六地藏) 미륵님한테 갔다가 저녁에야 돌아와서 즉시 잤습니다. 27일은 아침 늦게 일어나 점심 때 심부름을 다녀와서 머리를 감고 혼자 집에서 놀다가 밤에는 영화 구경을 갔습니다. 28일은 아침 일찍 일어나서 뜰을 쓸고 책꽂이를 정리하고, 낮에는 산오(山王)님에게 다녀와 저녁엔 극장에 갔고, 6일엔 아침부터 혼자 집에서 놀다가 저녁에는 영화 구경을 갔고, 9일에는 종일 소설책을 읽다가 저녁에 극장에 갔었습니다 …』

이 일기를 쓴 것은 열두 살 난 소녀로서 그 아버지는 정부 모 부처의 수

위장이고 어머니는 미용사였다. "극장, 소설, 천신 사당, 산오, 로쿠지죠, 그리고 또 할머니와 싸움을 하고 하루 종일 화가 나 있었다"고 한다. 이러한 환경에서 성장한 아이들의 종말이 어떻게 될 것으로 생각하는가? 그리스도의 말씀에 "좋은 나무마다 아름다운 열매를 맺고 못 된 나무가 나쁜 열매를 맺나니 좋은 열매가 나쁜 열매를 맺을 수 없느니라" 하셨다. 우리는 이러한 악한 가정에서 맺어지는 인간이라는 열매의 그 장래에 대해서 낙관만을 할 수가 없는 것을 두렵게 생각한다. 그런데, 이러한 유감스러운 일기가 많은 가운데 오직 하나 우리에게 희망을 주고 기쁨을 주는 것이 있으니 좀 지루하시더라도 참고 그 일기를 읽어 보시라고 권하고 싶다.

『25일은 새벽 3시에 일어나서 부엌문을 열고 되도록 소리가 안 나게 물을 길러 뜰에 뿌리고는 마당을 쓸었습니다. 그 때 시계는 4시를 쳤습니다. 대문 밖에 나가 보니 웬 거지 아이 하나가 거기서 자고 있었습니다. 나는 그 거지 아이를 불러 깨워 "네가 여기 있으면 꾸지람을 들을 테니 빨리 저리 가라"고 했습니다. 거지가 배가 고파서 일어날 수도 없다고 하므로 불쌍한 생각이 들어 집 안으로 들어 와 먹을 것을 주었습니다. 거지는 아주 기뻐하면서 떠나갔습니다. 날이 밝았습니다. 집에 돌아오니 어머니가 아궁이에 불을 지피고 있었습니다. 내가 식구들에게 그 이야기를 하니 부모님께서는 아주 기뻐했습니다.

26일엔 언니의 병간호를 했습니다. 언니는 일요일 오후에 갑자기 병이 났던 것입니다. 나는 언니의 머리맡에 앉아 간호를 하며 책을 읽어 주기도 했습니다. 내가 그렇게 해 주니 언니는 아주 기뻐했습니다.

이 날은 이것으로 끝났습니다. 오빠의 병은 점점 더해갔습니다. 30일에는 오빠가 아프다는 말을 듣고 친구들이 교대로 찾아오곤 했습니다. 나는 도쿄 병원에 놀러갔습니다. 언니가 간호원으로 있었기 때문에 …언니는 아주 기뻐했습니다. 나는 거기서 한 나절을 놀다가 돌아왔습니다. 언니가 오빠한테 주라고 약을 주어서 그걸 가지고 돌아와 아버지와 어머니에게 언니의 안부를 전하고 오빠에게 그 약을 주었습니다. 오빠는 기뻐서 눈물까지 글썽거렸습니다.

8월 1일은 주일이었으므로 아침 일곱 시에 자리에서 일어났습니다. 이 날은 언니의 병이 나았으므로 나는 언니와 함께 교회에 나갔습니다…〈중략〉. 집에 돌아오니 하녀가 편지 한 통을 내 주므로 받아서 보니 히라카와 데이코(平川貞子) 한테서 온 편지였는데 몸을 다쳐 중상을 입었다는 것이었습니다. 나는 곧장 히라카와에게로 달려갔습니다. 데이코는 붕대를 싸매고 누워 있었습니다.

나는 곁으로 다가가 그가 다친 경위를 들어 보니 집 뒤의 언덕에서 떨어졌다는 것이었습니다. 나는 그 곁에 서서 울었습니다. 이 데이꼬와는 어렸을 때부터 친구였습니다. 나는 언니처럼 생각하고 늘 따랐습니다.

이와 같은 사이였으므로 할 말을 잃고 앉아 눈물만 줄줄 흘리고 있었습니다. (중략) 오빠가 나에게 쇼핑을 부탁해서 밖으로 나갔습니다. 비가 많이 내리고 있었으므로 고오지까지 갔다가 오는 도중에 삼광사(三光社)를 지나오니 나무 밑에 어떤 할머니가 서 있었습니다. 나는 섬짓 무서운 생각이 들었으나 우산이 없어 그런가 보다 생각이 들어 곁으로 다가가서 물었습니다. 할머니는 가는 목소리로 "저 집에 왔다가 지금 집으로 돌아가려고 나섰는데 비가 더 세차니 돌아갈 수가 없군요" 하는 것이었다. "할머니 집이 어디쯤입니까?" 하고 물으니, 할머니는 지끼방 거리의 학교 근처라고 하므로 나도 그 쪽이니까 함께 가자고 해서 그의 집까지 바래다 주었습니다. 그 이의 딸들이 나와서 몇 번이고 고맙다는 인사를 했습니다. 나는 입장이 좀 난처했습니다. 집에 돌아오니 오빠가 왜 그리 늦었느냐고 물었습니다. 그 까닭을 얘기하고 아버지 어머니에게 그 이야기를 했더니 아주 대견스레 생각하셨습니다. 나는 참으로 즐거웠습니다. 이날은 이대로 잤습니다.

8일은 일요일이었습니다. 아침부터 요스야(四谷) 복음교회에 나갔습니다. 내가 어제 저녁의 이야기를 했더니 이 말을 들은 신자들이 나를 아주 칭찬해 주었습니다. 나는 기쁜 마음으로 집으로 돌아왔습니다. 저녁때에도 또 교회에 갔습니다. 돌아올 때에는 나 혼자였으므로 무서운 생각이 들었습니다. 집에 돌아와 잠자리에 든 것은 열시가 좀 지나서였습니다.

이 일기를 먼저 말한 두 학생의 일기와 비교해 보시라. 실로 하늘과 땅의 차이가 있지 않은가. 물론 이 일기를 쓴 여학생의 가정은 먼저의 두 학생보다는 가정 환경이나 경제사정이 낫다고 할까, 이 점은 서로 다르다고 하겠으나 그 부모와 자녀, 형제와 벗들 사이에 얼마나 활기가 넘치고, 부드럽고, 그리고 사람을 사랑하는 마음이 참으로 짙다는 사실은 이 집안이 모두 예수를 잘 믿고 만사를 오로지 하나님의 뜻에 순종하는 마음으로 일하고 있는 결과라고 하지 않을 수 없다.

옛날 마틴 루터는 어느 날 매우 실망하여 머리를 싸매고 방 안에 쳐 박혀 고민하고 있었다. 그 아내는 어떻게든 이를 위로해야겠다고 생각하고 방 안으로 들어가서는 상복으로 갈아입고 조용히 남편 곁에 와 섰다. 이를 본 루터는 깜짝 놀라며 "누가 죽었오? 어디 장례식에 가는 거요?" 하고 물었다.

아내의 대답이 "하나님이 돌아가셨습니다"라고 하니, "미친 소리, 하나님이 돌아가시다니……"라고 소리를 지르자 아내는 "만일 하나님께서 돌아가시지 않고 분명히 살아 계시다고 하면, 그 살아 계신 하나님을 믿는 당신이 왜 그토록 실망을 하고 계시는 겁니까?"라고 격려해서 그 남편으로 하여금 깨닫고 분발케 했다고 한다.

성 어거스틴의 어머니 모니카 부인은 자기 남편을 하나님께로 인도하기 위해 16년 동안이나 노력했으며, 그 아들 어거스틴을 정도(正道)로 돌아서게 하기 위해서 30여 년 동안이나 고생을 견뎌 냄으로써 마침내는 그 뜻이 모두 성취되었는데, 그 후에 어거스틴은 그 끈질긴 어머니의 정신에 감복하여 "나는 실로 어머니의 젖을 먹음과 동시에 구주 예수의 이름까지 마셨던 것이다"라고 했다.

참으로 그리스도를 믿는 자의 가정에서는 부부가 다투지 아니하며, 기생이나 창녀에게 빠지는 자가 없고, 아내가 한 남편을 좇는 것과 같이 남편도 한 아내를 두며, 술 취하는 자가 없으며, 자식은 어버이에게 효성을 다 하며, 어버이는 또 그 자식을 하나님께서 맡겨 주신 자라는 점을 유의해서 양육을 한다. 즉 성서에 "아내들아, 남편에게 복종하라. 이는 주 안에서 마땅하니라. 남편들아, 아내를 사랑하며 괴롭게 하지 말라. 자녀들아, 모든 일에 부모에게 순종하라. 이는 주 안에서 기쁘게 하는 것이니라. 아비들아, 너희 자녀를 격노케 말지니 낙심할까 함이라. 종들아, 모든 일에 육신의 상전들에게 순종하되 사람을 기쁘게 하는 자와 같이 눈가림만 하지 말고 오직 주를 두려워하여 성실한 마음으로 하라. 무슨 일을 하든지 마음을 다하여 주께 하듯 하고 사람에게 하듯 하지 말라. 이는 유업의 상을 주께 받을 줄 앎이니 너희는 주 그리스도를 섬기느니라. 불의를 행하는 자는 불의의 보응을 받으리니 주는 외모로 사람을 취하심이 없느니라. 상전들아, 의와 공평을 종들에게 베풀지니 너희에게도 하늘에 상전이 계심을 알 지어다"라고 하고 있다.

이와 같이 우리가 행해야 할 가르침을 모든 사람이 실행함으로 하나님을 한 집안의 주인으로 높이고, 오직 하나님의 거룩하신 뜻에 합하게 만사를 행해 나가는 것이 진정한 그리스도 군병의 가정이다. 우리들은 그리스도의 구원을 먼저 각 가정에 끌어 들여야 마땅할 것이다. 그 방법은 다름 아니고 한 집안에서 먼저 구원 얻은 자가 다른 가족을 하나하나씩 교회로 인도하여 성경이나 구세신문 같은 것을 읽게 하고, 할 수만 있으면 날마다 혹은 일주간의 어느 날을 정해서 가족기도회를 열며, 특별히 우리의 언동과 행실로 모본을 보여 온 가족을 회개시켜 믿음에로 인도하는 것이 첫번째로 할 일이다. 속담에 "사랑은 가정으로 부터 시작 된다"는 말이 있는데 우리는 먼저 하나님께 받은 은혜를 우리 가족에게 나눠 주기를 힘 쓸 일이다.

> "그러므로 이제는 여호와를 경외하며 온전함과 진실함으로 그를 섬기라 너희의 조상들이 강 저쪽과 애굽에서 섬기던 신들을 치워 버리고 여호와만 섬기라. 만일 여호와를 섬기는 것이 너희에게 좋지 않게 보이거든 너희 조상들이 강 저쪽에서 섬기던 신들이든지 또는 너희가 거주하는 땅에 있는 아모리 족속의 신들이든지 너희가 섬길 자를 오늘 택하라 오직 나와 내 집은 여호와를 섬기겠노라 하니" (여호수아 24:14~15).

5. 죽는 것도 유익하니

옛날 어느 나라에 한 족장이 있어서 피곤할 때의 위안 방법으로 이름

난 바보 하나를 놓아두고 심심하면 불러다가 이야기하며 놀고 했는데, 하루는 족장이 그 바보에게 지팡이 하나를 건네주며 "오늘 내가 네게 이 지팡이를 줄 테니 이것을 잘 보존했다가 만일 어디서든지 너보다 더한 바보를 만나거든 그 사람에게 주라"고 하므로 그 바보는 황송한 마음으로 받아다가 잠잘 때나 일할 때나 늘 이 지팡이를 가지고 다니면서 자기보다 더 어리석은 바보를 만나고자 했으나 두어 달 동안을 도저히 만나지지 못했다.

그러는 동안에 그 족장이 병이 들어 점점 중하게 되어서 아무리 하여도 차도가 없으므로 어느 날은 그 바보를 불러다가 한 번 만나보도록 했는데, 그는 말하기를 "야, 이 바보야, 그 동안 오래 우리 집에 드나들었는데 이제는 내가 오래지 않아 황천객이 될 테니 너와도 작별을 해야겠구나"라고 하였다. 이 말을 들은 바보는 놀라는 낯빛으로 말하기를 "대감께서 황천으로 가시면 언제쯤에나 돌아오시렵니까?"고 하니, 족장은 "황천이라는 곳은 매우 먼 나라로서 옛 부터 한 번 그 곳에 간 사람은 다시 돌아온 사람이 없단다"고 대답했다. 바보는 더욱 더 놀라며 "대감께서 그렇게 먼 곳으로 가시는데 어떤 준비를 하셔야지 않겠습니까?" 하자, "나는 아무 것도 별로 준비한 것은 없다. 눈은 감고 발가벗은 몸으로 가야 한다"고 말하자, 바보가 이 말을 듣고 잠깐 생각하더니 곧 자기 곁에 놓았던 그 지팡이를 손에 들고서 하는 말이 "그리 하오면 황송하오나 이 지팡이를 오늘부터 대감에게 드리겠나이다" 했던 것이다. 이 뜻은 이 세상에서 별로 대단치도 않는 일로 십리나 백리 길의 여행에도 준비를 생각지 않을 사람이 없을텐데, 한번 가면 다시 돌아오지 못하는 멀고 먼 길을 떠나 황천객이 되어서 가는 마당에, 지팡이 하나도 없이 눈을 감고 벗은 몸으로 간다는 것은 매우 어리석은 짓이므로 자기보다도 훨씬 더한 바보의 행위라고 생각했기 때문에 기왕에 부탁받은 대로 그 지팡이는 그 큰 바보에게 주는 것이 마땅하다고 하여 이 족장에게 도로 주었던 것이다.

학자들의 말에 따르면 현재 세계에서 해마다 죽어 가는 사람이 2,220만 명이라니 곧 한 시간에 3,674명이, 1분 간에는 62명 씩 죽는 셈이 된다는 것이다. 이렇게 보면 시계가 똑딱 할 때 한 사람 씩 죽으니, 내 앞에 언제 그 차례가 돌아올는지 모르므로 인간의 생명은 불쌍한 것이라고 하지 않을 수가 없다. "내일도 있으리라고 생각한 꽃 한 송이가 오늘 밤 바람에 떨어지지 않을는지. 결국 가야 할 길은 이미 들어섰지만, 어제 오늘 일 줄은 미처 생각 못했다." 우리가 강건하다 하는 동안에 죽음이 임한다는 사실을 유념해야 한다. 언제 죽더라도 두려울 것이 없을만큼 마음의 준비를 하고 있어야 한다.

어떤 사람은 말하기를 지옥에 가더라도 돈은 있어야 한다고 말한다. "돈만 있고 현세에서 영화를 실컷 누리면 됐지, 죽는 일이나 내세의 일은 어떻든 상관없다 하는 것 같은 태도는 결코 인간이 죽음에 대한 공포를 없애는 것이 못 된다. 그러므로 영국의 어느 여왕은 죽음에 임박하여 여러 신하들에게 "만일 짐의 생명을 좀 더 연장시켜 주는 자가 있다면 그가 원하는 대로 포상하겠노라" 하였지만 그럴 사람이 없었으므로 여왕은 이를 슬퍼하면서 죽어 갔다고 한다.

도요토미 히데요시(豊臣秀吉)는 오와리(尾張)라는 시골에서 자라 섭정 관백 (攝政關白)의 자리에 올라 조선 침략도 했으며 취락제 (聚樂第)도 지어 천하의 공명과 부귀영화는 모두 자기 마음대로였지만, 죽음을 앞에 놓고는 "이슬처럼 나타났다가 이슬처럼 사라지는 내 몸이여, 나니와(浪花—오사까의 옛 이름)의 일은 모두 꿈속의 또 꿈이라"고 탄식하며 죽었다는 것이다.

케이슈(藝州) 히로시마(廣島)에 한 노파가 있었는데 자식도 친척도 없이 오직 모아 놓은 약간의 돈을 의지하고 하루하루 지내다가 중병이 들어 고통 받는 것을 보고 이웃 집 부인이 위문 차 와서 "무슨 도와드릴 일은 없을까요?" 하고 물으니, 노파의 대답이 "수고스럽지만 떡 두 세 개 만 좀 사다가 주시겠소?" 하므로, 이 부인이 열흘 전 부터 죽도 제대로 못 먹는다는데 떡은 사서 뭣하려는가 하여 이상히 여겼으나 어쨌든 이 여인은 그의 말 대로 대복 떡을 사다가 그 노파의 머리맡에 두고 작별한 후, 집에 가는 척 하고 문틈으로 엿보고 있자니까 노파가 일어나 앉더니 주머니에서 금전, 온전 얼마를 꺼내 그 떡 속에 집어넣어 가지고 눈을 꿈적이면서 꿀꺽 삼키더라는 이야기가 있는데, "자기를 위해 재물을 쌓아 두고 하나님께 대해 부요하지 못한 자가 이와 같으니라" 한 것은 이를 두고 한 말이다.

또 이 세상은 무상하고 인간의 생명은 정함이 없는 것이다. 「처자옥보급왕위 임명종시불수자(妻子玉寶及王位 臨命終時不隨者」란 말이 있는데 이 말은 처자와 보물 및 왕위까지도 죽음의 길에는 함께 가지 못한다는 뜻으로서, 이렇게 말하면서 죽음을 체념하기를 애쓰는 사람들도 있다.

그러나 잇큐화상(一休和尙)처럼 세상을 초개같이 여긴 사람도 임종 시에는 "죽기 싫다"고 여러 번 되풀이했다고 하지 않는가?

옛날 희랍의 7 현인으로 불린 사람 중의 하나인 솔론이 어느 때 그 자식을 잃고 슬퍼하고 있는데, 어떤 사람이 위로하기를 "그렇게 슬퍼한다고 죽은 아이가 살아 돌아올 수는 없는 노릇이니 그러시지 않는 게 좋지 않겠오?" 하므로, 소론이 대답하기를 "그렇소. 만일 내가 운다고 해서 죽은 아이가 다시 돌아온다면 이렇게 슬프지는 않겠지만, 아무리 울부짖어도 아이는 돌아올 수 없기 때문에 내가 슬퍼해도 소용이 없다"고 대답했다는 것이다. 하이꾸(佛句)시인 잇짜(一茶)라는 사람은 세상 이치를 충분히 터득한 사람이었지만, 어느 때 사랑하는 자식을 병에 잃고 아무래도 그 자식을 잊을 수가 없어서 "이슬 같은 인생은 이슬 같은 인생이건만, 그렇지만……"이라고 그 슬픈 마음을 노래로 읊었던 것이다.

그런데 우리 그리스도의 군병된 자들에게 있어 죽음이라는 것은 그와 같이 무턱대고 슬퍼하거나 두려워할 것이 아니며, 우리가 현세에 산다는 것은 예를 들면 시골 늙은이 가 그 자식을 큰 도시로 유학을 보내는 것과 같은 것이다. 공부하러 간 젊은이가 학교를 졸업하게 되면 다시 집으로 돌아가는 것처럼, 우리들도 이 세상에서 30년 또는 50년의 인생 수업을 마치면 곧 하늘 아버지가 계신 영혼의 고향인 하늘나라로 돌아가는 것이다. 그런데 도시에서 수업 중에 공부는 게을리 하고 놀기만 하며 날을 보낸 젊은이는 집으로 돌아가는 일이 두려울 것이며, 집에 돌아가게 되면 부모로부터 그에 상당한 징벌을 받게 되는 것처럼, 이 세상에서 사는 동안 하나님의 뜻을 거스르고 제 멋대로 행한 사람은 하늘 아버지이신 하나님께서 심판하신 후 지옥 형벌에 처할 것이다. 그러나 부지런히 공부하여 금의환향(錦衣還鄕)을 하는 아들을 어버이가 기쁜 마음으로 귀한 손님을 영접하듯 하는 것처럼, 하나님도 또한 이 세상에서 당신의 뜻에 잘 순종하고 충실하게 직분을 다한 자들을 기쁨으로 천국에 맞아 들여 무궁한 복락과 평안을 누리게 하신다. 곧 성경에 "죄의 값은 사망이요, 하나님의 은사는 그리스도 예수 우리 주 안에 있는 영생이니라" 또 "하나님이 세상을 이처럼 사랑하사 독생자를 주셨으니 이는 저를 믿는 자마다 멸망치 않고 영생을 얻게 하려 하심이니라"고 한 것은 이를 뜻함이다.

진실로 그리스도를 믿는 자에게 죽음이라는 것은 조금 어두운 층층대를 지나서 밝고 근사한 2층에로 올라가는 것과 같은 것이다. 그러므로 사도 바울은 "이는 내게 사는 것이 그리스도니 죽는 것도 유익 함이니라" 또 "겉 사람은 부패하나 우리 속사람은 날로 새롭도다. 우리의 잠시 받는 환난의 경한 것이 지극히 크고 영원한 영광의 중한 것을 우리에게 이루게 함이니 우리의 돌아보는 것은 보이는 것이 아니요. 보이지 않는 것이니, 보이는 것은 잠깐이요 보이지 않는 것은 영원 함이니라" 하였고, 예수님의 수제자였던 베드로는 그의 원수들이 그를 십자가에 못박으려 하므로 "아니라, 우리 구주 예수 그리스도께서 십자가에 못박혀 돌아가셨는데 어찌 내가 감히…" 하면서 자진해서 십자가에 거꾸로 못박혀 죽었다고 한다.

옛날 영국의 한 열렬한 그리스도 신자가 나쁜 관리들에게 핍박을 받을 때에 "만일 그가 신앙을 버리지 않는다면 산 채로 자루에 집어넣어 데임즈 강물에 던질 것이다"라고 공갈을 했으나 거기에 조금도 굴하지 않고 말하기를 "어떻게든 하늘나라로 가는 길이므로, 물로 가나 육지로 가나 그 길의 좋고 나쁜 것은 가릴 것 없오"라고 대답했다. 또 바커스 박사라는 분은 앞으로 30분이면 목숨이 다 한다는 의사의 말을 듣고 말하기를 "그렇다면 그 2, 30분 동안에 하루라도 빨리 세계의 구원을 위해 기도합시다"라고 말하고, 침대로 부터 내려와 무릎을 꿇고 엎드려 기도하다가 죽었다고 한다.

부스 대장의 부인(캐서린)은 임종의 자리에서 "나는 지금, 이 구세군의 피와 불로 된 깃발아래서 죽습니다. 형제들이여, 그대들도 이 깃발 아래서 살고 또 싸우십시오! 하나님은 우리의 구원이요, 또 광풍이 휘몰아칠 때에 피난처 되시는 자시라"는 말을 남기고 운명했다고 하며, 앞에서도 이야기한 니이지마 죠(新島襄) 씨는 임종 시에 신약성경 에베소서 3장의 말씀을 읽어 달라고 하여 12절 말씀 "우리가 그 안에서 그를 믿음으로 말미암아 담대함과 하나님께 당당히 나아감을 얻느니라" 한 구절을 두 번이나 읽도록 하고, 20절의 "우리의 온갖 구하는 것이나 생각하는 것에 넘치도록 능히 하실 이에게…"하는 대목에 이르러서는 "예, 이 힘이니, 이 힘을 힘입을지어다" 라는 말을 그 제자들과 그 가족들에게 남기고 죽었다고 한다.

이와 같이 살아서는 하나님 앞에 그 직분을 다 하고, 죽어서는 천국으로 들어가 영화를 누리는 그리스도 군병이야말로 세상에서 가장 행복스러운 인생이 아닌가. "이제부터 앞으로 주 안에서 죽는 자들은 복이 있도다"라고 하였다. 그리고 이는 참 인간 된 자의 살고 죽는 길이다. 우리에게 이렇게 큰 은혜를 주신 하늘 아버지 되시는 하나님과 구주 예수 그리스도와 성령을 찬송하리로다.

> "전제와 같이 내가 벌써 부어지고 나의 떠날 시각이 가까웠도다. 나는 선한 싸움을 싸우고 나의 달려갈 길을 마치고 믿음을 지켰으니 이제 후로는 나를 위하여 의의 면류관이 예비되었으므로 주 곧 의로우신 재판장이 그 날에 내게 주실 것이며 내게만 아니라 주의 나타나심을 사모하는 모든 자에게도니라" (디모데후서 4:6~8).

부록

『평민의 복음』의 반향(反響)

하나님께서는 이 평민의 복음을 통하여 많은 사람들을 신앙으로 인하여 구원에 이르게 하셨으니, 일본에 기독교가 전래된 이후 한 가지 책으로써 많은 사람들에게 이 정도로 큰 감화를 미치게 한 책은 다시 없었던 것으로 생각된다. 이것은 오직 하나님의 은혜와 권능에 말미암은 것으로 생각하고 우리들이 감사해 마지않는 바이다.

어느 날, 휴직 중인 해군 대위 한 사람이 불구자인 자기 아내를 위로하기 위해 평민의 복음 한 권을 사다가 그의 머리말에서 읽어 들려주던 중, 아내보다도 자기가 먼저 감화를 받아 자기 죄가 큼을 깨달아 회개하고, 그리스도를 믿기로 결심하니, 그 아내도 함께 따라서 부부가 모두 구세군에 가입해 병사가 되었는데 부인은 병을 고치지 못한 채로 세상을 떠날 때도 믿음으로 말미암아 평안히 저 세상으로 떠나갔다고 한다.

이와 비슷한 이야기가 또 있는데, 눈병이 난 어머니의 눈병을 고치려고 가 아카사카(赤坂) 병원에 입원시킨 한 젊은이가 어머니의 마음을 편안하게 해 드리고자 평민의 복음을 날마다 읽어 드리던 중에 모자가 모두 함께 회개하고 진실한 그리스도인이 되었다.

코이시카와(小石川)에서 『천국옥(天國屋)』이라는 음식점을 경영하고 있는 소에다 키쥬로우(添田喜十郎)씨는 원래 대음주가로, 또 품행이 나쁘기로 소문난 사람이었는데 어느 날 크게 느낀 바가 있어 후쿠시마(福島)에 있는 시골로 부터 상경하여 일주일 정도 여관에 머무르면서 도를 탐구하게 되었는데 그 사이에 평민의 복음을 열심히 읽어 점점 믿을 각오가 섰으니, 곧 그 제 3장 제3절 "지금은 구원의 빛이라"는 항목에서 말하고 있는 기도를 그대로 읽음으로 하나님께 기도를 드리고 구원의 은혜를 받아 완전히 다른 사람으로 되었던 것이다. 후에 그의 고향 마을에서 촌장(村長)으로 뽑혔을 때에는 그의 본명을 부르는 사람이 없었으며, 대개가 "그리스도의 촌장"이라는 별명을 붙여 불렀다.

또 오주(奧州)의 산 속에서 군마를 기르고 있는 무라키(村木)라 하는 사람은 언젠가 도쿄에서 우연히 평민의 복음을 읽고서 회개하고 그리스도를 믿어 구원을 받고는 지금까지 즐겨 하던 술과 담배도 끊어 버리고,

날마다 경건한 생활을 보냈는데, 그럼에도 불구하고 교회의 집회에는 한 번도 나간 적이 없어 신자 한 사람도 만나 보지 못하였으므로 그 이상은 아무 것도 모르는 채 지냈다. 수 개월 후에 상경하여 평민의 복음의 저자를 만났을 때 "함께 기도 합시다" 하고 저자가 의자를 의지하고 꿇어 엎드리니 그걸 본 무라끼 씨는 "아, 기도는 그렇게 하는 겁니까?" 하고 이상히 여기며 말했다. 그 후에 그가 도쿄에 살게 되었고 오랫동안 어떤 교회 집사로 봉사하면서 어느 의학박사의 집에서 일꾼으로 충실히 일했다.

가즈사(上總)의 다카노(高野)라는 사람은 7년 전에 불행한 일이 있어서 인생을 비관하고 여러 가지로 고민하고 있을 때에 도쿄에 있는 한 친구가 평민의 복음 한 권을 보내 와서 한 번 읽고는 그 무한하신 하나님의 은혜를 깨닫게 되어 마음에 기쁨과 평안을 찾게 되었으며, 또 오키나와(沖繩) 나하(那)의 기쿠치(菊地) 씨도 또한 이 평민의 복음을 읽고 그리스도의 구원을 발견한 사람으로 그가 저자에게 보내 온 편지에는 다음과 같이 쓰고 있었다. "저도 요한복음에 나오는 소경처럼 다른 것은 알지 못하고 지금까지 어두운 생활을 하며 거기에 만족하고 지내왔으나 이제는 구주의 은혜와 귀하께서 쓰신 평민의 복음으로 말미암아 광명한 생활을 하기에 이르렀으므로 이 사실을 말씀드리고자 하여 이 글월을 드립니다."

아이치(愛知)현의 이소야라는 이는 평민의 복음을 읽고 뜬 구름 같은 세상으로 부터 구원 받게 된 것을 감사하는 표시로 담배함(케이스)과 깨진 술 잔 서너 개와 찢어진 한 여자의 사진을 담은 소포를 구세군 본영으로 보내왔다.

아와(阿波)의 도쿠시마(德島)에 건달 하나가 있었는데, 어느 날 그 친구 중에 한 사람이 친구를 걱정하여 평민의 복음 한 권을 보내 주었더니 그 건달이 이 책을 읽고 회개하여 새 사람이 되었을 뿐만 아니라, 그 책을 또 다른 두 친구에게 읽게 함으로써 그들도 그 책을 읽고서 그리스도 신자가 되었다. 그로부터 얼마 안 되어 세 사람은 시코(佐吉)에 있는 술집 주인을 설득시켜 그도 그리스도 신자가 되어 술장사를 그만 두게 되었다고 한다.

또 수년 전, 어느 양잠 교사가 도쿄로부터 기라사쓰(木更津)로 가는 배 안에서 친구로부터 받은 평민의 복음을 읽기 시작했는데 그 책을 읽는 중에 하나님과 자기의 죄, 또 그리스도의 구원의 도리를 알게 되어 곧 갑판의 한 구석에서 무릎을 꿇고 엎드려 하나님께 기도하고, 그 자리에서 구원함을 받았다. 이 사람이 도쿄를 나설 때에는 하나의 죄인이었었지만 기라사쓰에 상륙할 때에는 구원 받은 하나님의 아들의 한 사람이 되어 있었던 것이다.

에치젠(越前)에 코니시 토미(小西富)라는 사람은 3때 째 그러니까 약 90

년을 주조업을 경영해 온 집의 주인으로 주조업계에서는 널리 알려져 있는 인물이었는데 이도 역시 이 평민의 복음을 읽고 주조업은 나쁜 직업이라고 깨닫고, 사업 전환을 하게 되었다. 한 번은 그가 이 때문에 많은 사람이 모인 자리에서 다음과 같이 말했다. “젊었을 적 부터 그 만드는 일을 좋아하여 여러 가지로 이 방법을 연구하고 배우고 했습니다. 메이지 19년(1886) 경에는 그 뿐 아니라, 알코올(酒精) 제조에 까지 손을 대 돈은 벌었지만 그로 말미암아 세상에 많은 해독을 끼쳤다고 생각합니다.

언젠가 내가 만든 술을 배에 싣고 와가사끼(若狹)로 가던 도중, 선장이 알코올을 훔쳐 먹고, 뇌출혈을 일으켜 죽은 일이 있습니다. 술은 참으로 인명을 해치는 독약입니다. 그 후 나는 값이 싸고도 빨리 취하는 술을 발명해 내려고 연구를 거듭한 끝에 알코올을 술에 혼합하는 방법을 발견하고, 마침 그때 후쿠이(福井)현의 주류품평회 심사위원장 직을 위촉받았으므로 이것을 다른 주조업자들에게도 가르쳐주었습니다. 그러는 동안 알코올 값도 오르고 혼합주의 이익도 박해짐으로써 나는 특별히 연구하여 속주(粟酒)라는 것을 발명해 냈는데, 이것은 나 혼자서 만들어 판매했으므로 값 싸고 맛도 좋아 얼마 안 가서 “코니시(小西)의 속주”라 하여 근방에 알려지게 되었으며, 따라서 돈도 꽤 많이 벌게 되었습니다. 그럼에도 불구하고 한편으로는 이 속주를 마시고 뇌출혈을 일으키는 사례가 빈번해 진 것은 사실 두려운 일이었습니다. 그런데 메이지 33년(1900)에 후쿠이에 체류 중인 한 선교사로 부터 한 권의 책 평민의 복음을 선물 받아 이것을 읽던 중에, 주조업은 죄악제조업이라는 사실을 깨닫게 되었습니다. 그리하여 나는 이 주조업을 그만 둬야만 할까 하고 한 동안 고민을 하다가 결단이 내려지지 않음으로 성경 한 권과 평민의 복음 한 권만 싸 들고 어느 온천장에를 찾아가 가장 조용한 여관 방 하나를 얻어 가지고 일 주일 동안을 거기 머무르면서 책을 읽고 또 기도하고 한 결과, 마침내 90여 년을 대대로 내려오던 주조업을 폐업하기에 이르렀습니다…."

언젠가 한 실업가가 사업에 실패하고 자살을 기도했다가 미수에 그쳐 적십자병원에 입원한 적이 있었는데, 그 친지의 부탁으로 아오야마(靑山) 교회 신자들이 교대 교대로 그를 방문하고 있었던 차, 어느 날 그 사람은 평민의 복음 68페이지의 회개의 기도가 있는 곳을 손가락으로 가리키면서 "나는 이대로 합니다."라고 고백하더니, 그로부터 오래지않아 조용히 세상을 떠났다고 한다.

또 지금부터 약 6년 전에 히도츠바시(一橋)의 여자직업학교에 다니는 이토스에코(伊東)라는 소녀는 평민의 복음을 읽고 그리스도의 구원을 받아 그 기쁨을 감추지 못했으며 누가 시킨 것도, 가르쳐 준 것도 아닌데 자발적으로 같은 뜻을 가진 친구들을 설득하여 매주 1회 점심시간 끝에 성경 연구반을 학교 안에 만들었다. 처음에는 갖가지 조롱도 받았으나 조금도 굴하지 않고 계속하니 점점 학생 수가 증가하여 마침내 25명에 달했으며 교사 중에서도 이 모임에 가담하는 사람이 있을 정도였다. 불행히도 이 모임은 스에코의 졸업과 동시에 없어졌지만, 당시에 함께 성경을 연구했었던 사람들 가운데에는 죽을 때 까지 훌륭한 그리스도 신자로 남은 자들이 많았다.

수년 전 윌리암 부스 대장이 일본에 들렀을 때 센다이(仙台)로 가는 5층에 스카가와(須賀川)역을 통과하니 한 청년이 기다려 있다가 뭣인가 쓰여 있는 종이 조각을 그 수행원을 통해 전달했는데 그 내용은 하나님께 대한 기도였다. "오오 하나님, 나는 평민의 복음에 의해 비로소 당신 앞에 나오게 된 자이며, 그 후로는 구세신문과 성경을 통해 시시각각 당신과 더 깊이 접하게 되어 큰 능력과 즐거움으로써 나의 천직에 종사할 수 있게 되었습니다. 오오, 나의 존경하는 부스 대장과 구세군의 장군들을 지금 만나게 해 주신 것을 감사하옵니다……"라고 써 있었다. 이 사람이 그 지방에서 유명한 청년 실업가 중의 한 사람이란 것을 나중에야 알게 되었다.

이 평민의 복음은 또 교도소 안에 있는 죄수들의 손에까지 들어가게 되어 그들을 개과천선케 한 사례가 많았는데, 한 번은 불법 범죄단체 조직죄라는 죄명으로 마에바시(前橋) 교도소에 들어와 있던 사람이 평민의 복음을 읽고, 그리스도를 믿어 출옥한 후에 미국에 건너가 신학공부를 하고 그곳에서 잠시 자급 전도를 하다가 돌아와 지금은 구세군의 한 사관으로 성실히 활약하고 있는 예도 있다.

안봉선(安奉線) 공사에서 가장 중요한 역할을 맡아 보던 남만 철도의 사원 이이다(飯田)라는 사람은 순슈누아즈(駿州沼津)의 사람이었는데, 언젠가는 그가 출타한 사이에 강도가 들어 왔는데 부인은 매우 침착한 사람이었으므로 그 강도에게 성경책을 주면서 "이것을 가지고 가 읽어 보십시오" 하였다. 그러나 강도는 그런 것을 읽을 마음이 없었으므로 내 던져버리고 돌아갔다. 얼마 안되어 그 강도가 잡혀 교도소에 수감되었다는 소식을 듣고 이번에는 성경과 평민의 복음을 넣어 주었더니 그 강도가 그것을 읽고 지금까지 지은 자기의 무서운 죄를 다 회개하고 그 부인에게도 편지로 이 사실을 적어 보내며 용서를 빌었다고 한다.

지난 해 봄, 저자가 엔슈호리노우치(遠州屈內)에서 후지(富士)합자회사의 공장을 찾았을 때, 그 총지배인 하라사키 겐사쿠(原崎源作)씨가 하는 말에 따르면 요코야마(橫山)라는 48세 되도록 도박꾼 노릇을 한 사나이가 있었는데, 평민의 복음을 읽고는 회개하고 새 사람이 되어 1천 5, 6백원의 재산을 모았고 그 많던 빚을 다 갚았는데, 특히 도박 빚까지도 다 갚아 주고 지금은 집을 지어 상점은 자기 아들에게 맡긴 후에 자기는 조용히 은거하고 있었으므로 한 번 만나 주지 않겠는가 하는 것이었다. 기쁜 마음으로 찾아 가니 그는 나이가 든 데다가 중풍 증세까지 있어 집 안에 있었는데 그의 말이 "나는 회개하자마자 화투와 술 그릇 등을 다 땅을 파고 묻어 버렸습니다" 하는 것이었다. 이것은 평민의 복음에 있는 소위 〈악마의 장례식〉을 한 것이었다.

또 한 번은 미국의 세크라멘토에 체류 중이던 사토 세이치로라는 사람이 평민의 복음 15부를 일본으로부터 들여와 이것을 크리스마스 선물로 그 친지들에게 나눠 주었더니 얼마 있어 뉴욕에 있는 한 친구로부터 다음과 같은 편지가 왔다.

"지난 12월 30일 막 교회당에 나가려는데 형께서 보내 주신 <당신을 사랑하는 자로 부터>라고 쓴 빨간 책 한 권이 도착되었습니다. 이것이 유명한 평민의 복음이거나 하고 펼쳐 보니 끝 까지 읽지 않고는 배길 수가 없을 것 같아서 전차 안에서나 기차나 배 안에서나 집에 돌아 와서나 손에서 떼 놓지 않고 읽었습니다. 나는 형이 특별히 이 책을 보내 주신 것을 감사하게 생각합니다. 사실 이것을 읽고 하나님이 계시다는 것을 상세히 알게 되었으며, 주 예수의 십자가의 구원을 깨달았습니다. 지금까지 이처럼 영력이 넘치는 책은 읽어 본 적이 없습니다. 나는 이 책을 고향의 어머님과 동생에게 보내 주려고 생각하는데 이걸 보내 버리면 내 마음이 허전할 것 같아 구세군본영에 3, 4권 주문할 계획입니다. 하나님은 우리 가운데서 살아 역사하시고 계심을 확실히 믿습니다. 평민의 복음! 참으로 우리에게 필요하다고 생각합니다. 이론만이 아니고 실지로 많은 예증을 보여 주어 구원의 필요성과 회개할 것과 신앙은 인생 본연의 것임을 보여주고 있으며, 몇 번을 읽어도 새로운 감동을 줍니다"라고 했다.

후카가와(深川)에서는 어떤 사람이 연말에 가난에 쪼들려 오늘 밤엔 도둑질이나 좀 해 볼까 하고 생각하고 있던 중, 우연히 평민의 복음을 읽고 감동되어 믿기로 결심하고, 바른 길로 돌아 섰음은 물론, 그 후 훌륭한 구세군의 하사관이 된 사실도 있으며, 후쿠오카(福岡)의 대학병원에 입원하고 있던 어떤 사람은 일종의 특별한 피부병으로 아침부터 저녁까지 내내 목욕탕에 들어 가 있으라는 지시를 받고 실망하고 있을 때, 평민의 복음을 선물로 받아 이것을 읽고 신앙의 길을 깨닫고 목욕탕 속에서 그 68페이지에서 말하고 있는 회개의 기도를 하고, 그 후 13년간을 세로 6자 가로 4자 되는 목욕통을 자기의 작은 천지로 삼고 부자유한 생활을 계속하면서도 날마다 찬송과 감사의 생활을 보내고 있었다.

간토(關東) 대지진 때 불행히도 세상을 떠난 구세군 중좌 사시다 가츠오(指田知郎)씨는 문장력도 있고 연설도 잘 하며 영어, 영문, 음악, 노래, 회화 등 무엇이나 남에게 뒤지지 않는 역량이 있어서 그 사업에 적지 않는 공헌을 세웠는데, 그도 역시 처음에 평민의 복음을 읽고 그리스도를 발견하고 구세군에 가입하여 유용한 그릇이 되었던 것이다. 하나님께서 이 "책"에 축복하사 많은 영혼들을 구원으로 인도하는 그릇으로 사용하시길 기도한다.

쉽게 전하는 복음의 본질

서정인
한국컴패션 대표

이 책은 쉬우면서도 본질을 잘 전하는 것으로 정평이 난 기독교 입문서입니다. 그래서인지 읽다 보면, 주변의 기독교를 알지 못하는 사람들이 생각납니다. 이 책에 적힌 이런 말로 그 사람에게 이야기해주면 기가 막히게 기독교를 전할 수 있겠다 싶은 생각이 저절로 듭니다.

이만해도 훌륭한데, 한 장, 두 장 읽으면서 굉장히 친근한 느낌을 받았습니다. 일본인 저자라서 가능한, 같은 아시아권의 정취가 가득했습니다. 뿌리 깊은 아시아권 문화가 곳곳에서 느껴져 마치 어머니에게 두런두런 이야기를 듣는 느낌이고 참 편안했습니다.

또 하나는, 저자가 속한 구세군의 출발이 빈민가에서였고 그래서인지, 낮은 곳을 섬기는 자세와 시선으로 정리되었다는 점입니다. 어렵지 않게 쓰여진 이유도 거기에 있겠지요. 상대방에게 몸을 낮추고 귀를 기울이는 우리 예수님의 미소가 떠오릅니다.

구세군의 빨간 냄비가 생각나는 요즘, 나에게 잘 맞는 복음의 옷, 그 안에 담긴 따스함을 들이킬 수 있고, 또 주변에도 퍼 나를 수 있는 귀한 책입니다.

평민의 복음 THE COMMON PEOPLE'S GOSPEL

발 행 일 | 2022년 1월 25일
저 자 | 야마무로 군베이(山室軍平)
역 자 | 장형일
감 수 | 강종권
펴 낸 곳 | 에디아
등록번호 | 제2-2217호(1996.7.30)
등록된곳 | 04557 서울시 중구 퇴계로37길 14 기종빌딩 6층
전 화 | 02-2263-6321
팩 스 | 02-2263-6322
ISBN • 978-89-87977-36-2 03230

* 책값은 표지에 있습니다.